SEGELN
Sportbootführerschein Binnen
Segel & Motor

André Pfister/Fotos Edgar Schoepal

SEGELN
Sportbootführerschein Binnen
Segel & Motor

Meyer & Meyer Verlag

Segeln
Sportbootführerschein Binnen Segel & Motor

Bibliografische Information Der Deutschen Bibliothek
Die Deutsche Bibliothek verzeichnet diese Publikation in der Deutschen
Nationalbibliografie; detaillierte bibliografische Daten sind im Internet über
http://dnb.ddb.de abrufbar.

Alle Rechte, insbesondere das Recht der Vervielfältigung und Verbreitung sowie das Recht
der Übersetzung, vorbehalten. Kein Teil des Werkes darf in irgendeiner Form – durch
Fotokopie, Mikrofilm oder ein anderes Verfahren – ohne schriftliche Genehmigung des
Verlages reproduziert oder unter Verwendung elektronischer Systeme verarbeitet,
gespeichert, vervielfältigt oder verbreitet werden.

© 2003 by Meyer & Meyer Verlag, Aachen
Adelaide, Auckland, Budapest, Graz, Johannesburg, Miami,
Olten (CH), Oxford, Singapore, Toronto
Member of the World
Sportpublishers' Association (WSPA)
Druck:
FINIDR s. r. o., Český Těšín
ISBN 3-89124-964-0
E-Mail: verlag@m-m-sports.com

Inhalt

Schiffe **11**
Takelung 11
Bootslänge, Rumpfform und Geschwindigkeit 14
Jollen und Yachten, Verdränger und Gleiter 16
Formstabilität und Gewichtsstabilität 18
Rigg 21
Segel und Segel reffen 24
Tauwerk 29

Knoten **33**
Stopperstek, Achtknoten, Klampe belegen,
Kreuzknoten, Palstek, Schotstek, Rundtörn,
Webeleinstek, Slipstek, Roringstek

Richtung **49**
Backbord und Steuerbord 49
Lee und Luv 50
Kurse zum Wind und drehender Wind 51

Antrieb **63**
Verschiedene Antriebskräfte 63
Anstellwinkel des Segels 66
Bootstrimm 68
Segeltrimm 74

Zeichen **77**
Bojen, Tonnen, Tafeln, Lichter 77
Fahrwasser und Hindernisse 78
Brücken und Schleusen 83
Hinweis-, Verbots- und Gebotszeichen 89
Schallsignale und Notsignale 99

Lichter — 106
Das System	106
Bordlichter Sportboote und gewerbliche Schifffahrt	107
Gefährliche Güter und Fahrzeuge der Überwachungsbehörden	121

Vorsicht — 125
Schwimmende Geräte	125
Roter Wimpel und schwarzer Kegel, Schleppen	129
Stillieger und Ankerlieger	134
Anlegen und Liegeverbote	135
Steuerbordbegegnungen	136
Queren von Fahrwasser, Auslaufen aus dem Hafen	137
Sog und Wellenschlag	140
Grundberührung im Fahrwasser	141

Unterwegs — 142
Anlegen und Ankern	142
Überholen und Ausweichregeln	146

Wind und Wetter — 159
Windstärke	159
Hochdruck und Tiefdruck	160
Gewitter	161
Wetterbericht und Sturmwarnung	162
Lokale Winde	163

Natur — 166
10 goldene Regeln	166

Sicherheit — 169
Sicherheitsausrüstung	169
Feuerlöscher und Flüssiggas	170
Batterie und Radarreflektor	171

Pflichten — 174
Schifffahrtsstraßenordnungen und Vorschriften	174
Hilfeleistung, Hochwasser und Kennzeichnung	176
Ausweise	182

Jollen — 185
Schwert und Ruder — 185
An einer Boje liegen — 185
Lenzklappe — 185
Mitten im Regattafeld — 186

Manöver — 187
Wende — 189
Q-Wende — 190
Aufschießer und Beinaheaufschießer — 191
Halse — 193
Schiften — 195
Mann-über-Bord-Manöver — 196
Ablegen und Anlegen — 199
Patenthalse und Bruch des Riggs — 201
Kenterung — 202

Motor — 204
Antriebsarten, Innenbord- und Außenbordmotoren — 204
Wellenantrieb, Z-Antrieb und Jetantrieb — 205
Vor und nach dem Starten, Tanken, Getriebe, Wartung — 208
Links und rechts drehende Schrauben — 212
Manöver mit dem Radeffekt — 213
Drehkreis — 215
Kringel — 216
Auf dem Teller drehen — 217
Ankern und rückwärts anlegen — 218
Manöver in strömenden Gewässern — 220
Ablegen bei günstigen und ungünstigen Windverhältnissen — 221
Geschwindigkeit, Sog und Wellenschlag — 224
Ausweichregeln für Motorboote — 225
Wasserski und Wassermotorrad — 226
Mann über Bord — 228
Motorbrand — 230
Praktische Prüfung — 231

Register — 232

Sportbootführerschein Binnen

Segel (ohne Motor)

Allgemeiner Teil
Theoretischer Teil
Ein Prüfungsbogen mit 22 Fragen

Sonderteil Segeln
Theoretischer Teil
Ein Prüfungsbogen mit 15 Fragen

**Segel
Praktische Prüfung
+ Knoten**

Motor (nur Motor)

Allgemeiner Teil
Theoretischer Teil
Ein Prüfungsbogen mit 22 Fragen

Sonderteil Antriebsmaschine
Theoretischer Teil
Ein Prüfungsbogen mit acht Fragen

**Motor
Praktische Prüfung
+ Knoten**

Segel + Motor

Allgemeiner Teil
Theoretischer Teil
Ein Prüfungsbogen mit 22 Fragen

Sonderteil Segeln
Theoretischer Teil
Ein Prüfungsbogen mit 15 Fragen

**Segel
Praktische Prüfung
+ Knoten**

Sonderteil Antriebsmaschine
Theoretischer Teil
Ein Prüfungsbogen mit acht Fragen

**Motor
Praktische Prüfung
+ Knoten**

Willkommen an Bord!

Na gut, jetzt haben Sie sich also (fast) entschlossen, den Rest Ihres Lebens auch auf dem Wasser zu verbringen. Haben Sie sich das richtig überlegt, mit Ihrer Frau (Freundin)/Mann (Freund) bereits abgesprochen und das Familien-Okay eingeholt?!

Den ersten richtigen Schritt haben Sie schon getan. Sie halten Ihre Entscheidung sozusagen in der Hand. Auch wenn Sie nicht gerade Käpt'n Blaubär sind und auch keinen Matrosen wie Hein Blöd haben, keine abenteuerlichen Reisen machen wollen wie der berühmte Blaubär, bei denen er kitzeligen Walen, hungrigen Haien und schweren Stürmen begegnet, nichts wie ran ans Steuer. Doch halt, bevor Sie Ihr Schiff „Titanic" taufen und damit Ihr nasses Schicksal besiegeln, brauchen Sie heutzutage einen Segelschein.

Doch wie sagt der alte Seemann: Nur die Ruhe bringt's. Und da einen Seemann so schnell nichts umwirft, werden Sie auch sicher alle Fragen und Antworten überstehen. Ist gar nicht so schwer, wie es auf den ersten Blick aussieht! Also, erst einmal die vielen bunten Bilder angucken (das ist noch fast wie im Kochbuch blättern). Damit kommt der Appetit. Und dann lesen.

Viel zu viel Seglerlatein? Kann ich verstehen. Halb so schlimm. Alle Begriffe sind erklärt und tauchen garantiert mehrfach auf. Psst, ein Tipp unter Seglern: Nutzen Sie die Flaute, schnappen Sie sich das Buch und legen Sie los mit Fragen und Antworten.

Viel Spaß und viel Erfolg!

PS: Für das Seemannsgarn sind Sie allerdings selbst verantwortlich.

Schiffe

Takelungsarten
Segelschiffe unterscheiden sich durch die Art und Weise, wie sie den Wind als Antrieb nutzen – mit mehreren Masten und unterschiedlichen Segeln. Zur Takelage (modernere Bezeichnung: Rigg) gehören der Mast, der Baum, das laufende und das stehende Gut, das Tauwerk sowie die Blöcke und Beschläge (ab Seite 21).

Schoner

Der Schoner ist ein Zweimaster. Vor dem Großmast steht ein kleinerer oder gleich großer zweiter Mast, auch Vor- oder Fockmast genannt.

Takelungsarten Schiffe

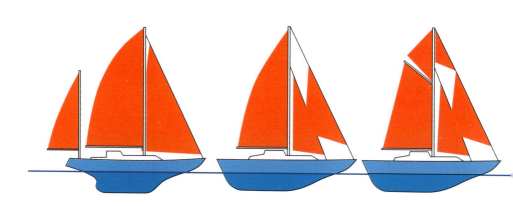

Yawl **Kutter** und **Gaffelkutter**

Eine Yawl und eine Ketsch unterscheiden sich durch die Größe und den Standort des kleineren hinteren Masts (Besan). Bei einer Yawl steht der Besanmast außerhalb der Wasserlinie und trägt ein kleineres Segel. Bei einer Ketsch liegt er innerhalb der Wasserlinie. Der Kutter ist wie die Slup und das Katboot ein Einmaster, hat aber zwei Vorsegel (Fock und Klüver). Die am meisten verbreitete Takelungsart ist die Sluptakelung mit einem Großsegel und einem Vorsegel (z. B. Fock oder Genua). Katboote sind typische Einmannboote und leicht zu bedienen.

Schiffe

Takelungsarten

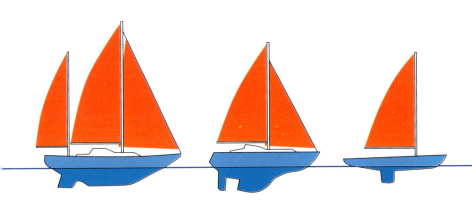

Ketsch **Slup** **Katboot**

Prüfungsfrage 545
Wie bezeichnet man die Takelungsart eines Bootes mit einem Mast und einem Vorsegel?

● Slup.

Prüfungsfrage 546
Was verstehen Sie unter „Sluptakelung"?

● Einmaster mit einem Vorsegel.

Prüfungsfrage 547
Nennen Sie einige der Ihnen bekannten Takelungsarten von Yachten!

●● Kat, Slup, Kutter; Yawl, Ketsch, Schoner.

Bootslänge und Rumpfformen

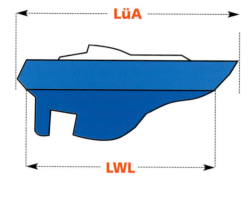

LüA = Länge über Alles
LWL = Länge Wasserlinie

Die Geschwindigkeit eines Bootes ist abhängig von der Wasserlinienlänge und dem Lateralplan, der Fläche des Unterwasserschiffs (Längsriss).

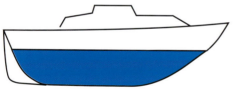

Boot mit lang gestrecktem Lateralplan = sehr kursstabil, aber nicht sehr schnell und nicht sehr wendig.

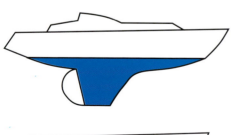

Boot mit konzentriertem Lateralplan = kursstabil, schnell und wendig.

Boot mit beschnittenem Lateralplan = wenig kursstabil, dafür sehr schnell und wendig.

Schiffe

Geschwindigkeit und Rumpfformen

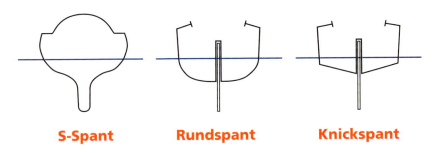

S-Spant   **Rundspant**   **Knickspant**

Die Spantform ist die Querschnittsform eines Bootes. Jollen haben meist einen Rund- oder Knickspant, Yachten eher einen S-Spant.

Verdränger und Gleiter

Bei der Fahrt durchs Wasser erzeugt ein Schiff ein Wellensystem, das auf Grund des Bootsgewichts nicht verlassen werden kann. Das verdrängte Wasser bildet eine Bug- und Heckwelle. Entscheidend für die Geschwindigkeit in Verdrängerfahrt ist hauptsächlich die Länge der Wasserlinie (eine längere Wasserlinie = höhere Geschwindigkeit). Jollen können bei genügend Wind und leichte Motorboote mit einem genügend starken Motor „auf die Welle aufgleiten" und so das Wellensystem überwinden.

Jollen und Yachten Schiffe

Jollen
Jollen werden eingeteilt in Bootsklassen mit gleichen Maßen, Gewicht und Segelfläche. Die Spanne reicht vom 2,30 m kurzen Optimisten für Kinder bis zum 8,90 m langen Dreimannkielboot. Allen gemeinsam: Sie sind Gleiter.

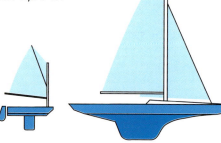

Yachten
Allen gemeinsam: Sie sind Verdränger. Yachten haben in der Regel einen tief liegenden Kiel aus Gusseisen oder Blei. Für wenig tiefe Gewässer geeignet: Kielschwertyacht oder Kimmkieler.

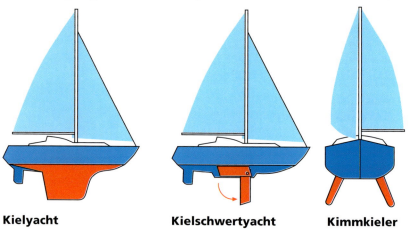

Kielyacht   **Kielschwertyacht**   **Kimmkieler**

Prüfungsfrage 534
Zeichnen Sie in dieser Skizze ein:
1. Das Maß LüA.
2. Das Maß LWL.
3. Alles, was zum Lateralplan des Bootes gehört (Schraffur).

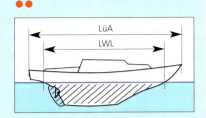

Prüfungsfrage 535 + 184
Was verstehen Sie unter „Rumpfgeschwindigkeit" und wovon ist diese abhängig?

Die Höchstgeschwindigkeit in Verdrängerfahrt. Sie wird von der Wasserlinienlänge bestimmt.

Prüfungsfrage 536
Wie heißen die unten stehend abgebildeten Spantformen?

1. S-Spant.
2. Rundspant.
3. Knickspant.

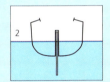
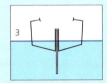

Prüfungsfrage 543
Was verstehen Sie unter einem „Kimmkieler" („Doppelkieler"), wo wird er vorwiegend gesegelt und worin besteht sein Vorteil gegenüber anderen Kielbooten?

Eine Yacht mit zwei Seitenkielen. Sie wird vorwiegend in flachen Gewässern gesegelt, da ihr Tiefgang geringer ist.

Prüfungsfrage 544
Was verstehen Sie unter einer „Kielschwertyacht"?

Eine Yacht mit flach gehendem Ballastkiel und zusätzlichem Schwert.

Stabilität

Formstabilität bei Jollen

Jollen beziehen ihre Stabilität aus ihrer breiten Rumpfform. Die Anfangsstabilität ist groß, die Endstabilität gering. Eine entscheidende Rolle, der *Krängung* (durch den Winddruck verursachte, seitliche Neigung des Bootes um seine Längsachse) entgegenzuwirken, spielt das Gewicht der Mannschaft. Eine *Trapez*einrichtung ermöglicht extreme Gewichtsverlagerung (Ausreiten, am Trapezgurt hängend), um die Querstabilität zu erhalten.

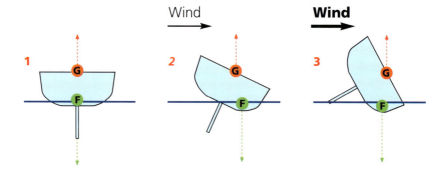

1 Der *Gewichtsschwerpunkt* G liegt über dem *Formschwerpunkt* F.

2 Bei Krängung wandert der Gewichtsschwerpunkt G nach Lee (Lee = die dem Wind abgewandte Seite, Luv = die dem Wind zugewandte Seite).

3 Bei zu viel Winddruck und dementsprechender Krängung überholt der Gewichtsschwerpunkt G den Formschwerpunkt F und die Jolle kentert.

Schiffe

Stabilität

Gewichtsstabilität bei Yachten

Eine Kielyacht bezieht ihre Stabilität vor allem aus dem tief liegenden Ballast im Kiel. Der Gewichtsschwerpunkt liegt (nicht wie bei einer Jolle) unter dem Formschwerpunkt. Mit zunehmendem Winddruck und dementsprechender Krängung nimmt die Stabilität zu.

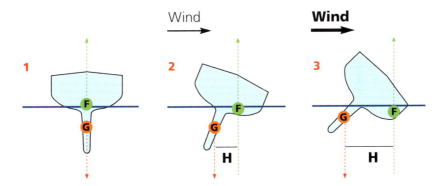

1 Der Formschwerpunkt F liegt über dem Gewichtsschwerpunkt G.

2 Bei Krängung wandert der Formschwerpunkt F nach Lee, durch die Hebelwirkung H erhöht sich die Stabilität.

3 Bei noch stärkerem Wind und dementsprechender Krängung wandert der Formschwerpunkt F noch weiter nach Lee aus, die Hebelwirkung H nimmt zu und die Stabilität erhöht sich.

Prüfungsfrage 537
Was verstehen Sie unter „Formstabilität"?

● Die Fähigkeit eines Schiffs, durch seine breite Rumpfform (Auftrieb) der Krängung entgegenzuwirken.

Prüfungsfrage 538
Was verstehen Sie unter „Gewichtsstabilität"?

● Die Fähigkeit eines Schiffs, durch seinen tief liegenden Ballast der Krängung entgegenzuwirken.

Prüfungsfrage 539
Welche Boote sind vorwiegend „gewichtsstabil", welche sind „formstabil"?

● Kielyachten sind vorwiegend gewichtsstabil, Jollen sind formstabil.

Prüfungsfrage 540
Welche Boote sind vorwiegend „formstabil", und wodurch kann bei viel Wind die Stabilität erhöht werden?

●● Jollen, durch Ausreiten bzw. durch Benutzung der Trapezeinrichtung.

Prüfungsfrage 541
Wie verändert sich das aufrichtende Kraftmoment einer Jolle bei ständig zunehmender Krängung?

●● Es nimmt anfangs zu bis zum Erreichen eines kritischen Winkels, von da an immer schneller ab bis zur Kenterung.

Prüfungsfrage 542
Wie verändert sich das aufrichtende Kraftmoment einer Kielyacht bei stetig zunehmender Krängung?

● Es nimmt bis 90° Krängung zu.

Schiffe

Das Rigg

Mast und Stagen
Der Mast wird mit Drahttauwerk verspannt:
In Längsrichtung mit dem

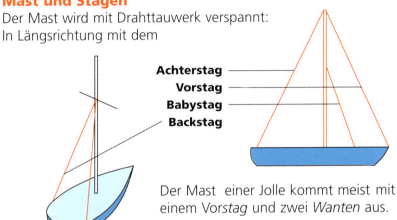

Achterstag
Vorstag
Babystag
Backstag

Der Mast einer Jolle kommt meist mit einem Vor*stag* und zwei *Wanten* aus.

Saling und Wanten
Der Mast wird mit Drahttauwerk verspannt:
In Querrichtung mit

Saling
Oberwant
Unterwant

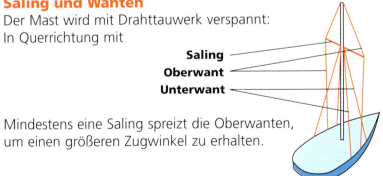

Mindestens eine Saling spreizt die Oberwanten, um einen größeren Zugwinkel zu erhalten.

Stagen und Wanten werden **„stehendes Gut"** genannt.

Das Rigg

„Laufendes Gut" = Tauwerk, zum Bedienen der Segel.

Zum „laufenden Gut" zählen auch die Leinen zum Hochziehen des Ruderblatts oder des Schwerts, ebenso die Leinen, mit denen die Segel reguliert werden (so genannte *Schoten*).

Fallen heißen die Leinen, mit denen die Segel hochgezogen werden.

Fock*fall* oder Spi-Fall
zum Hochziehen der Vorsegel
(z. B. Fock, Genua, *Spinnaker*).

Großfall
zum Hochziehen des
Großsegels.

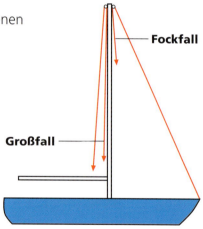

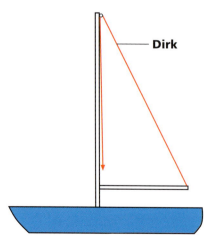

Dirk
heißt die Leine zum Halten des Großbaums, z. B. beim Setzen oder Bergen der Segel und beim Reffen (Verkleinern der Segelfläche). Die Dirk läuft von der Mastspitze (Topp) zur Baumnock (äußeres Ende des Baums).

Schiffe

Das Rigg

Baumniederholer
Er zieht den Baum nach unten und hält ihn auf allen Kursen waagerecht.

Talje
Der Baumniederholer, die Großschot und andere Leinen laufen auf einer Talje, einer Kombination aus Blöcken (Rollen) und Tauwerk. Nach dem Prinzip des Flaschenzugs verringert sich damit die Zugkraft.

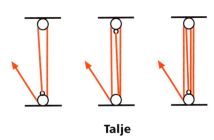

Talje

Großschot
Sie dient zur Regulierung des Winkels des Baums respektive des Großsegels zum Wind.

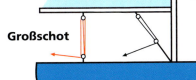

Die Segel — Schiffe

Kopf, **Hals**, **Schothorn** sind Ecken des Segels.
Vorliek, **Unterliek**, **Achterliek** sind Kanten des Segels.

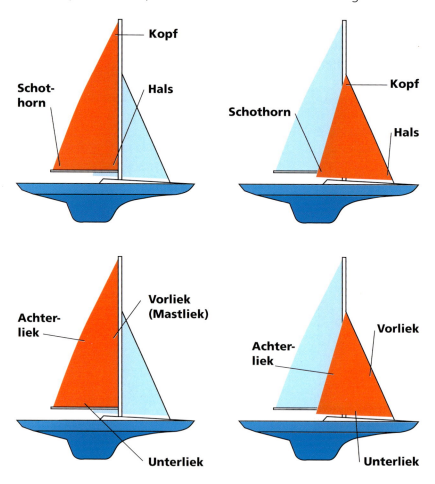

Schiffe

Die Segel

Großsegel

Großsegel mit rund geschnittenem Achterliek benötigen Segellatten zur Formgebung und Aussteifung.
Die Segellatten werden in Lattentaschen gehalten.

Lattentaschen mit Segellatten

Reffbändsel

Großsegel reffen

Reffen = Segelfläche verkleinern.
Oft haben kleine Boote keine Reffeinrichtung. Eine Yacht braucht in jedem Fall ein Binde- oder Patentreff (Seite 26), um bei zunehmendem Wind die Segelfläche verkleinern zu können.

Bindereff

Erstes Reff   **Zweites Reff**

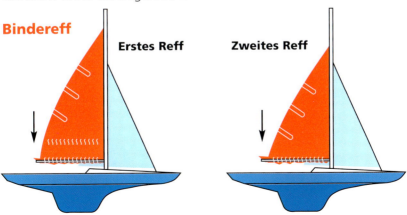

Die Segel

Reffen mit Bindereff

Großfall herunterlassen (fieren), bis die Reffbändsel am Baum festgebunden werden können. Großfall wieder festmachen (belegen). Falls vorhanden, Reffkausch am Vorliek in den Reffhaken einhängen, sonst am Baum festbinden. Segel am Achterliek strecken und ebenfalls festzurren. Danach das aufgetuchte Segel mit den Reffbändseln am Baum festbinden.

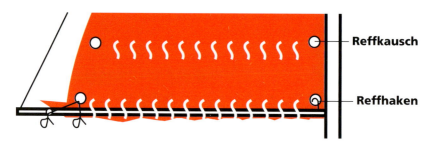

Patentreff (Rollreff)

Das Großsegel kann auf den Baum aufgerollt werden.

Das Großsegel kann in den Mast gerollt werden.

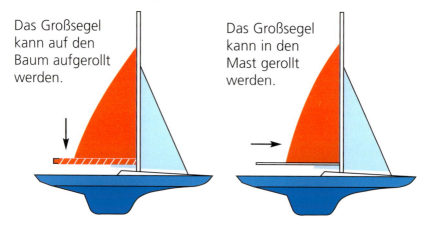

Schiffe

Die Segel

Vorsegel reffen
Mittlerweile haben sich Rollreffanlagen für das Vorsegel auf Yachten durchgesetzt. Selbst Jollensegler entscheiden sich oft für eine Rollanlage. Die Alternative wäre immer ein Segelwechsel vom größeren auf ein kleineres Vorsegel.

Vorteile einer Rollreffanlage
Das Segel kann stufenlos verkleinert und wieder vergrößert werden. Niemand muss bei hohem Wellengang und schaukelndem Schiff das sichere Cockpit zum Reffen zu verlassen.

Nachteile einer Rollreffanlage
Rollsegel sind flacher geschnitten und nicht so effektiv wie konventionelle Segel. Dieser Nachteil macht sich bei verkleinerter Segelfläche noch stärker bemerkbar. Rollreffanlagen sind störanfällig und müssen gewartet werden.

Schäden am Segel vermeiden
Flattert das Achterliek wie eine Fahne im Wind, nennt man das *killen* (das Segel killt). Killen über einen längeren Zeitraum tut dem Segel nicht gut und lässt Nähte aufgehen. Deshalb sollten auch kleinste Schäden am Segel immer sofort repariert werden.

Prüfungsfrage 548
Wie heißen die Ecken und Kanten des Großsegels (Hochsegels)?

●●
Ecken: Kopf, Hals, Schothorn.
Kanten: Vorliek, Unterliek, Achterliek.

Prüfungsfrage 549
Wie heißen die Ecken und Kanten des Vorsegels?

●●
Ecken: Kopf, Hals, Schothorn.
Kanten: Vorliek, Unterliek, Achterliek.

Prüfungsfrage 550
Wozu dienen Segellatten, für welche Segel werden sie benötigt und wie werden sie im Segel gehalten?

●●
Sie dienen der Formgebung und Aussteifung des Segels, besonders für Segel mit rund geschnittenem Achterliek. Gehalten durch Lattentaschen.

Prüfungsfrage 551
Weshalb dürfen Segel nicht über einen längeren Zeitraum killen?

●
Killen schädigt das Tuch und lässt die Nähte aufgehen.

Prüfungsfrage 552
Warum müssen auch kleine Schäden an den Segeln sofort repariert werden?

●
Weil unter Belastung (Winddruck) daraus schnell große Schäden werden.

Prüfungsfrage 553
Welche Reffeinrichtungen kennen Sie?

●
Patentreff (= Rollreff), Bindereff.

Prüfungsfrage 554
Wie wird ein Bindereff bedient?

●●●
Die Reffkausch am Vorliek wird niedergeholt, die am Achterliek niedergeholt und gestreckt. Der aufgetuchte Teil des Segels kann mit den Reffbändseln festgezurrt werden.

Prüfungsfrage 555
Was ist eine Dirk und wozu dient sie?

●●
Sie läuft vom Topp zur Baumnock und hält den Baum beim Reffen oder Segelbergen.

Tauwerk

Tauwerk ist der Sammelbegriff für:
Bändsel = dünne Leine mit weniger als 5 mm Durchmesser, z. B. Reffbändsel zum Festzurren des Segels auf dem Baum.
Leine = Seil mittlerer Stärke, z. B. Schleppleine. Anfang und Ende einer Leine sowie kurze Leinenstücke nennt man **Tampen**.
Trossen = schweres Tauwerk von über 25 mm Durchmesser, z. B. Schlepptrossen oder Ankertrossen.
Drahttauwerk aus Stahldraht.

An Stelle von Naturfasern wie Hanf, Baumwolle oder Kokosfasern werden heute fast ausschließlich Kunststofffasern zur Herstellung von Tauwerk verarbeitet. Es gibt geflochtenes und geschlagenes Tauwerk. Der jeweilige Einsatz entscheidet über die Wahl.

Geflochtenes Tauwerk
ist geschmeidig, dehnt sich aber stärker als geschlagenes. Ideal für Schoten.

Geschlagenes Tauwerk
dehnt sich weniger, hat weniger **Reck** (der Reck ist die Ausdehnung ohne Bruch) und ist bruchsicherer als geflochtenes. Schlepp- und Festmacherleinen sind aus geschlagenem Tauwerk. **Vorgerecktes** Tauwerk eignet sich für Fallen.

Drahttauwerk
dehnt sich nicht und hat eine hohe Bruchlast. Eignet sich besonders für Stagen und Wanten, als flexibles Drahttauwerk für Fallen.

Tauwerk   Schiffe

Schwimmfähiges Tauwerk
Schwimmfähiges Tauwerk findet Verwendung als Wurfleinen und Leinen an Rettungsringen, so genannte Sorgleinen. Als Ankerleine ist schwimmfähiges Material ungeeignet.

Informationen

Wenn Sie Fragen zur Bemessung Ihrer Leinenausrüstung haben, informieren Sie sich in den Sicherheitsrichtlinien des Deutschen Segler-Verbandes e. V. (DSV), Gründgensstraße 18, 22309 Hamburg, Telefon 0 40/6 32 00 90 oder beim Deutschen Motoryachtverband e. V. (DMYV), Gründgensstraße 18, 22309 Hamburg, Telefon 0 40/6 30 80 11.

Prüfungsfrage 216
Welche Anforderungen stellt man an Tauwerk, das als Festmacherleine, Ankerleine und Schleppleine dient?

● Hohe Bruchlast, große Elastizität.

Prüfungsfrage 217
Wofür ist schwimmfähiges Tauwerk
1. vorteilhaft?
2. ungeeignet?

●●
1. Für Wurfleinen und Sorgleinen an Rettungsringen.
2. Als Ankerleine.

Prüfungsfrage 219
Wo können Sie sich über ausreichende Bemessung Ihrer Leinenausrüstung informieren?

● In den Sicherheitsrichtlinien des DMYV und des DSV.

Prüfungsfrage 528
Welchen Vorzug hat geflochtenes Tauwerk gegenüber geschlagenem?

- Geflochtenes Tauwerk ist geschmeidiger.

Prüfungsfrage 529
Welche Eigenschaft hat vorgerecktes Tauwerk und wofür wird es vorwiegend verwendet?

- Vorgerecktes Tauwerk ist wenig dehnbar und wird deshalb vorwiegend für Fallen verwendet.

Prüfungsfrage 530
Weshalb eignet sich geflochtenes Tauwerk besonders gut für Schoten?

- Weil es sehr geschmeidig ist.

Prüfungsfrage 531
Welche Art von Tauwerk wird vorwiegend für Schoten verwendet und weshalb?

- Geflochtenes Tauwerk, weil es geschmeidig ist.

Prüfungsfrage 532
Welche Art von Tauwerk wird vorwiegend für Fallen verwendet und weshalb?

- Vorgerecktes Tauwerk oder Drahttauwerk, weil es sich wenig dehnt.

Prüfungsfrage 533
Welche Anforderungen stellt man an Tauwerk, das für Fallen dient?

- Hohe Bruchlast, geringes Reck.

Knoten

Seemännische Knoten

Seemännische Knoten müssen sich einfach und schnell stecken (knoten) lassen und müssen zuverlässig halten. Alle Knoten lassen sich im entlasteten Zustand auch wieder leicht lösen. Die Enden von geschlagenem Tauwerk werden mit einem Takling vor dem Aufdrehen gesichert.

Takling

Auge

Auge

Kausch

Spleiß

Für dauerhafte Verbindungen zweier Leinen oder um ein Auge herzustellen. Nur mit geschlagenem Tauwerk möglich.

Knoten

Stopperstek

Zum Belegen der Vorleine an einer durchlaufenden Schlepptrosse.

Vorsicht: Hält nur in Zugrichtung!

Knoten

Achtknoten

Kommt an das Ende von Schoten und verhindert ein Durchrutschen durch Blöcke oder Ösen.

Knoten

Belegen einer Klampe ...

Knoten

... mit Kopfschlag und „auf Slip" gelegt

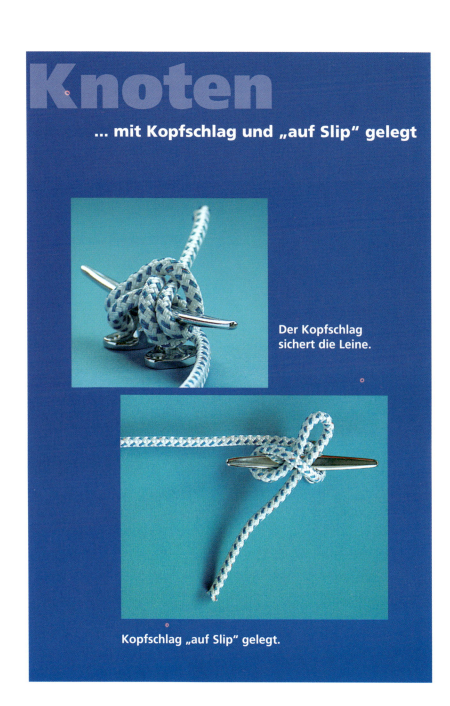

Der Kopfschlag sichert die Leine.

Kopfschlag „auf Slip" gelegt.

Knoten

Kreuzknoten

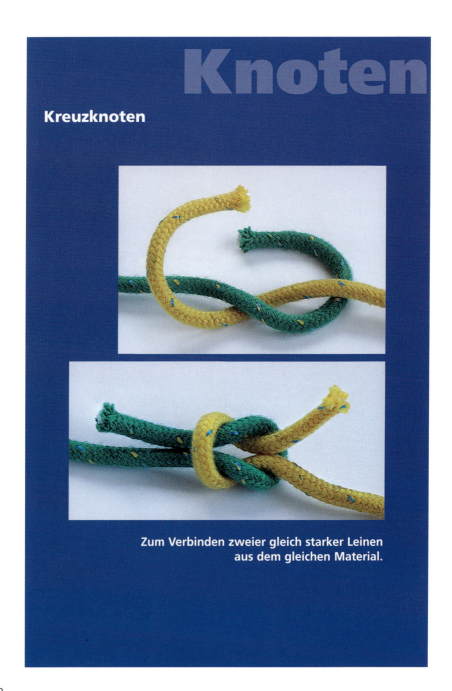

Zum Verbinden zweier gleich starker Leinen aus dem gleichen Material.

Knoten

Palstek

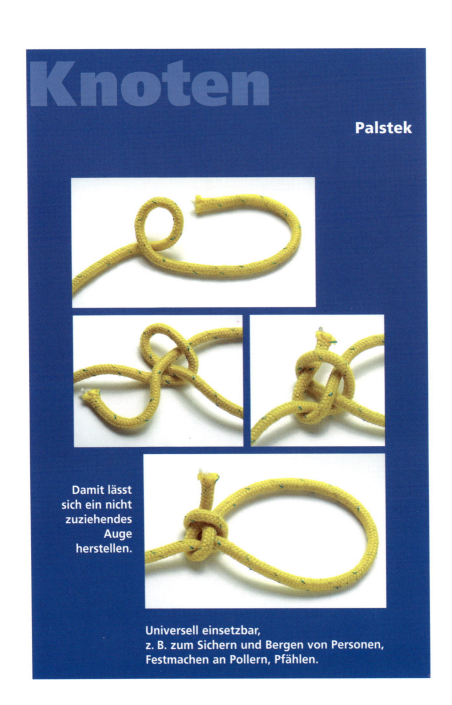

Damit lässt sich ein nicht zuziehendes Auge herstellen.

Universell einsetzbar, z. B. zum Sichern und Bergen von Personen, Festmachen an Pollern, Pfählen.

Knoten

Einfacher Schotstek

Zum Verbinden zweier unterschiedlich starker Leinen aus unterschiedlichen Materialien.

Vorsicht: Hält nur unter Belastung!

Knoten

Doppelter Schotstek

Zum Verbinden zweier unterschiedlich starker Leinen aus unterschiedlichen Materialien.

Hält besser als der einfache Schotstek.

Knoten

Rundtörn mit zwei halben Schlägen

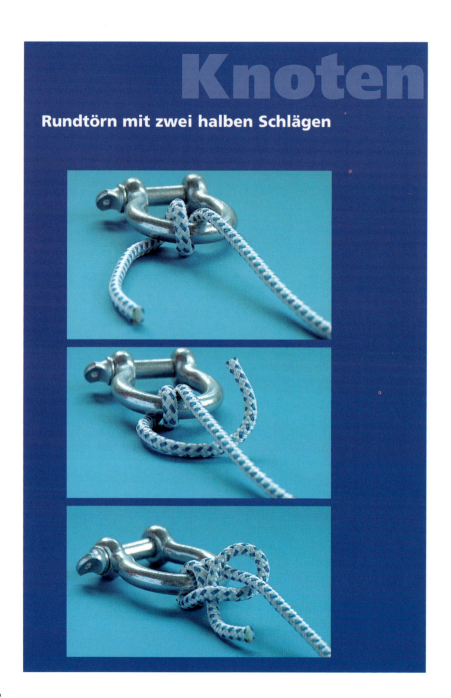

Knoten

Rundtörn mit zwei halben Schlägen

Zum Befestigen an einem Ring oder einer Stange. Sichern mit halben Schlägen.

Knoten

Webeleinstek

Zum Festmachen an einem Poller oder an einem Pfahl und zum Befestigen der Fender.

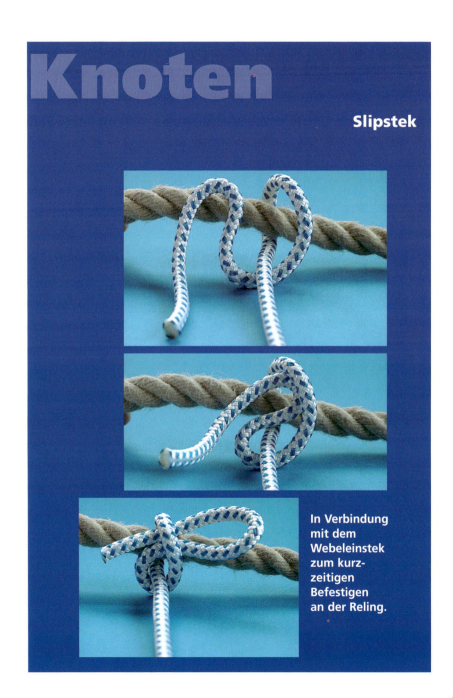

Knoten

Roringstek

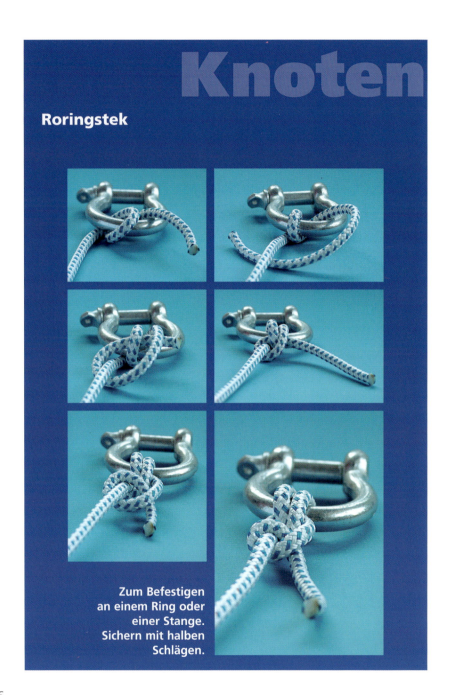

Zum Befestigen an einem Ring oder einer Stange. Sichern mit halben Schlägen.

Prüfungsfrage 218
Wozu dient ein Takling, wozu ein Spleiß?

●●
Ein Takling sichert den Tampen vor dem Aufgehen, durch einen Spleiß wird geschlagenes Tauwerk miteinander verbunden.

Prüfungsfrage 220
Welche drei Anforderungen müssen seemännische Knoten erfüllen?

●●●
Seemännische Knoten müssen
1. sich einfach und schnell stecken lassen,
2. zuverlässig halten,
3. sich im entlasteten Zustand leicht lösen lassen.

Prüfungsfrage 221
Wie belegt man
1. an einer Klampe?
2. an einem Pfahl?
3. an einem Ring?

●●●
Man belegt
1. an einer Klampe mit Kreuzschlägen und Kopfschlag,
2. an einem Pfahl mit Webeleinstek oder Palstek,
3. an einem Ring mit Roringstek oder mit Rundtörn und zwei halben Schlägen.

Prüfungsfrage 222
Wozu dient der Schotstek?

●
Mit dem Schotstek werden zwei ungleich starke Enden verbunden.

Prüfungsfrage 223
Mit welchem Knoten wird die Vorleine an einer durchlaufenden Schlepptrosse belegt?

●
Mit dem Stopperstek.

Prüfungsfrage 224
Mit welchem Knoten verhindern Sie das Ausrauschen eines Endes?

●
Mit dem Achtknoten.

Prüfungsfrage 225
Wozu dient der Kreuzknoten?

●
Mit dem Kreuzknoten werden zwei gleich starke Enden verbunden.

Prüfungsfrage 226
Wozu dient der Rundtörn mit zwei halben Schlägen?

●
Zum Festmachen an einem Ring oder an einer Stange.

Prüfungsfrage 227
Wozu dient der Webeleinstek?

●
Der Webeleinstek wird zum Belegen am Pfahl oder Poller verwendet sowie zum Befestigen der Fender an Reling oder Handlauf (in Verbindung mit einem Slipstek).

Prüfungsfrage 228
Wozu dient der Kopfschlag?

●
Zum Sichern der Leine beim Belegen einer Klampe.

Prüfungsfrage 229
Wozu dient ein Palstek?

● ●
Zum Schlagen eines sich nicht zuziehenden Auges, zum Festmachen am Poller oder Pfahl und zum Bergen und Sichern von Personen.

Richtung

Backbord und Steuerbord

Rechts und links gibt es auf Schiffen nicht. Immer von der Längsachse des Schiffes aus gesehen ist „rechts" Steuerbord und „links" Backbord. Man spricht von der Steuerbord- und der Backbordseite. Oder an Steuerbord befindet sich ... von Backbord kommt ...

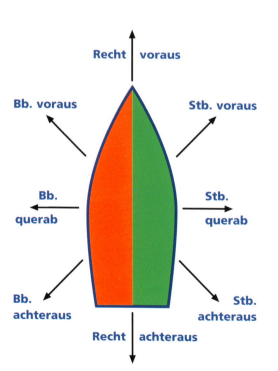

Backbord (Bb.) und Steuerbord (Stb.) sind sowohl Seiten-, als auch Richtungsbezeichnungen (recht voraus und recht achteraus hat nichts mit rechts zu tun).

Richtung
Lee und Luv

Der Wind kommt von ...
Luv und weht nach Lee.
Die Luvseite ist die dem Wind zugekehrte, die Leeseite die dem Wind abgewandte Seite. Kommt der Wind auf einem Schiff direkt von hinten (achtern), entscheidet die Stellung des Großsegels über die Luv- und Leeseite.

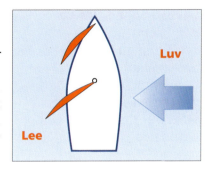

Anluven und Abfallen
Ändert das Boot aus dieser Position seine Fahrtrichtung, muss ein Segel auf die andere Seite genommen werden. Anluven bedeutet, eine Kursänderung nach Luv, Abfallen eine Kursänderung nach Lee.

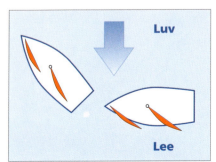

Anluven **Abfallen**

Richtung
Kurse zum Wind

Nicht jeder Kurs ist möglich
Von Schiff zu Schiff unterschiedlich ist der Winkel, mit dem sich gegen den Wind segeln lässt. Der tote Winkel beträgt ca. 90°.

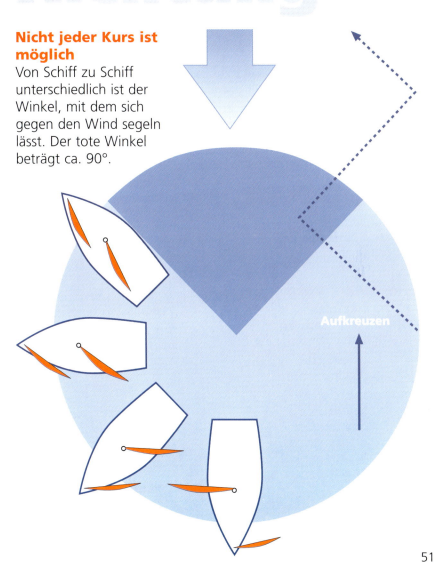

Aufkreuzen

Der Wind ist der scheinbare Wind

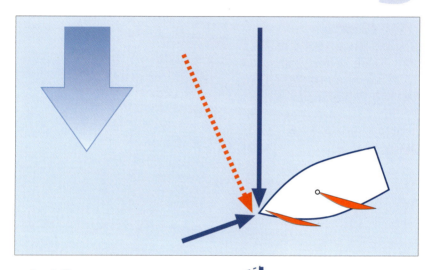

Scheinbarer Wind

Der an Bord spürbare und gemessene Wind ist immer der scheinbare. Auch die jeweilige Segelstellung und die Kursbezeichnung richtet sich nach diesem.

Aus dem Kräfteparallelogramm ist ersichtlich: Der scheinbare Wind ist stärker als der wahre.

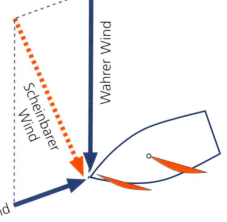

Richtung
Kurse zum Wind

„Am Wind"
Der an Bord spürbare scheinbare Wind fällt von Backbord oder von Steuerbord voraus ein.

Segelstellung auf dem **Amwindkurs**:
Die Segel bilden fast eine Linie mit der Mittelschiffsachse (Segel ganz dicht geholt).

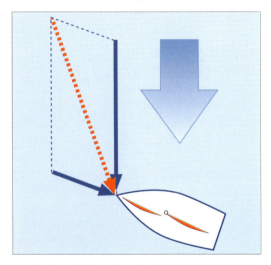

„Halber Wind"
Der an Bord spürbare scheinbare Wind fällt von Backbord querab oder von Steuerbord querab ein.

Segelstellung auf dem **Halbwindkurs**:
Ca. 45°-Winkel zur Mittelschiffsachse (die Segel aufgefiert).

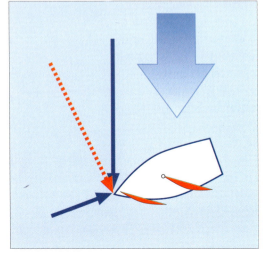

Kurse zum Wind Richtung

„Vor dem Wind"
Der an Bord spürbare scheinbare Wind fällt von recht achteraus ein. Er setzt sich zusammen aus wahrem Wind minus Fahrtwind.

Segelstellung auf dem **Vorwindkurs**:
90°-Winkel zur Mittelschiffsachse (Segel ganz aufgefiert).

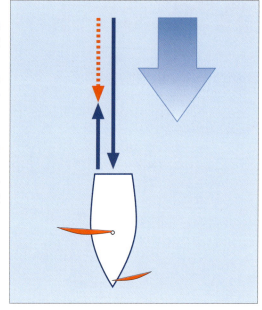

Vergleich Windstärken des scheinbaren Winds bei (angenommener) gleicher Bootsgeschwindigkeit.

◄·· Amwindkurs

◄············· Vorwindkurs

Der Vergleich stimmt nicht ganz. Bei gleicher wahrer Windstärke ist ein Schiff auf unterschiedlichen Kursen auch unterschiedlich schnell. Der Halbwindkurs ist der schnellste. Ein extremer Amwindkurs bremst die Geschwindigkeit, besser ist es, leicht abzufallen. Die so gewonnene Geschwindigkeit zahlt sich aus gegenüber der verlorenen Höhe am Wind.

Richtung

Alle Kurse

Kurs, bezogen auf den scheinbaren Wind

Abfallen vom Amwindkurs auf den Halbwindkurs, Raumschotkurs bis zum Vorwindkurs.

Anluven vom Vorwindkurs auf den Raumschotkurs, Halbwindkurs, bis zum Amwindkurs.

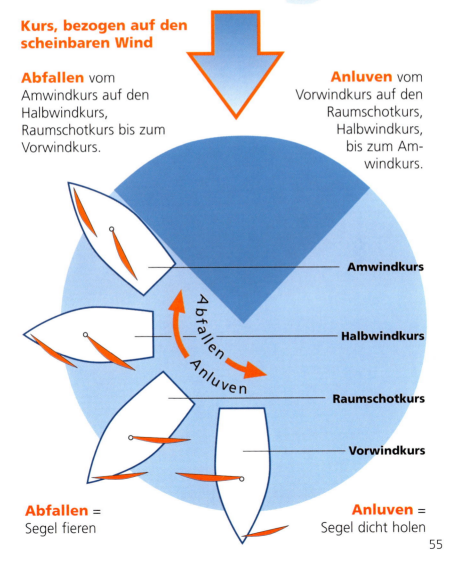

- Amwindkurs
- Halbwindkurs
- Raumschotkurs
- Vorwindkurs

Abfallen = Segel fieren

Anluven = Segel dicht holen

Der Wind dreht Richtung

Schralen

Segel dicht holen

Dreht der Wind so, dass er mehr von vorne (vorlicher) einfällt, nennt man das „der Wind schralt". Um die Richtung beizubehalten: Segel dicht holen. In diesem Beispiel wechselt das Boot von einem Halbwind- auf einen Amwindkurs.

Richtung
Der Wind dreht

Raumen

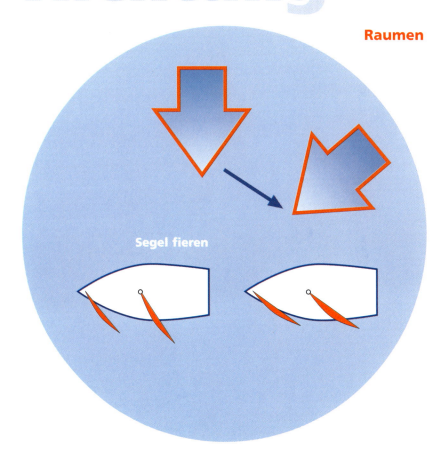

Dreht der Wind so, dass er mehr von hinten (achterlicher) einfällt, nennt man das „der Wind raumt". Um die Richtung beizubehalten: Segel fieren. In diesem Beispiel wechselt das Boot von einem Halbwind- auf einen Raumschotkurs.

Der Wind dreht Richtung

Böiger Wind
Vor allem auf einem Amwindkurs nutzt man jede Bö, um Höhe zu gewinnen. Nimmt der Wind an Stärke zu, wandert der scheinbare Wind in Richtung des wahren Windes.

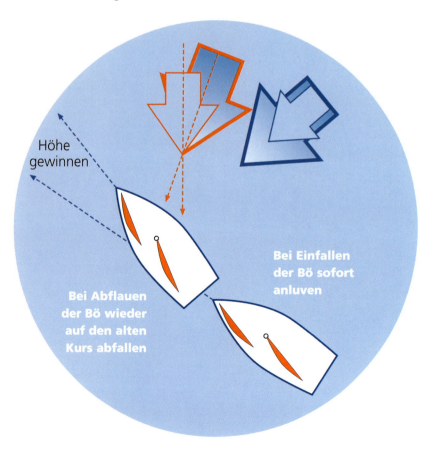

Der wahre Wind an Bord

Der Richtung des wahren Windes auf einem in Fahrt befindlichen Schiff lässt sich nur noch an rauchenden Schornsteinen und Flaggen an Land beurteilen. Macht das Schiff keine Fahrt mehr, auch am Verklicker (Windanzeige auf dem Mast). Auf einem Amwindkurs auch an der Kräuselung des Wassers.

Prüfungsfrage 557
Vervollständigen Sie diese Skizze und bezeichnen Sie dabei, vom Anstellwinkel des Segels ausgehend, den „wahren Wind" = W, „Fahrtwind" = F, „scheinbaren Wind" = S!

Prüfungsfrage 558
Ergänzen Sie in dieser Skizze das Windparallelogramm und bezeichnen Sie den „scheinbaren Wind" mit S, „Fahrtwind" mit F.

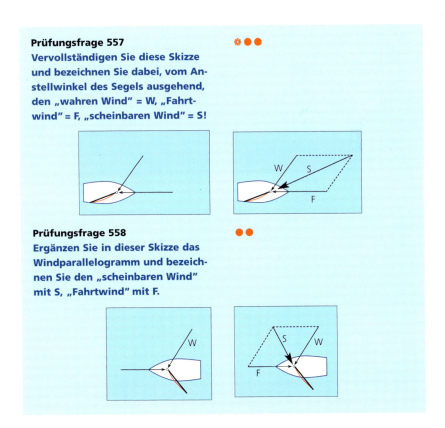

Prüfungsfrage 559
Woran können Sie die Richtung des „wahren Windes" erkennen?

●●
An Flaggen oder anderen Anzeichen an Land; am Verklicker, wenn das Boot keine Fahrt macht oder auf Vorwindkurs segelt, an der Kräuselung des Wassers.

Prüfungsfrage 560
Welcher Wind wird in Fahrt von Standern bzw. Verklickern angezeigt?

●
Der „scheinbare Wind".

Prüfungsfrage 561
Was verstehen Sie unter dem Begriff „scheinbarer Wind"? Woran können Sie seine Richtung erkennen?

●●
Die Resultierende aus „wahrem Wind" und „Fahrtwind". Am Verklicker des Boots in Fahrt.

Prüfungsfrage 562
Wann kommen „wahrer Wind" und „scheinbarer Wind" auf einem segelnden Boot aus der gleichen Richtung?

●
Auf Vorwindkurs.

Prüfungsfrage 563
Warum ist der „scheinbare Wind" auf einem Vorwindkurs schwächer als der „wahre Wind"?

●
Der „wahre Wind" vermindert sich um den entgegenstehenden „Fahrtwind".

Prüfungsfrage 564
Warum ist der „scheinbare Wind" auf einem Kurs hoch am Wind stärker als der „wahre Wind"?

●
Weil sich im Kräfteparallelogramm aus „wahrem Wind" und „Fahrtwind" ein größerer „scheinbarer Wind" ergibt.

Prüfungsfrage 565
Auf einem Amwindkurs mussten Sie reffen. Ein entgegenkommendes Boot gleichen Typs segelt ungerefft. Wie erklären Sie sich das?

●●
Der „scheinbare Wind" ist auf Amwindkursen stärker, auf Raumschot- und Vorwindkursen schwächer als der „wahre Wind".

Prüfungsfrage 566
Beim Einfallen einer Bö auf Amwindkurs raumt der Wind häufig.
1. Warum ist das so?
2. Welchen Nutzen können Sie auf der Kreuz daraus ziehen?

● ● ●
1. Da der Fahrtwind zunächst gleich bleibt, der „wahre Wind" zunimmt, kommt der „scheinbare Wind" achterlicher ein.
2. Anluven, um keine Höhe zu verlieren.

Prüfungsfrage 21
Welche Seite wird als Luvseite bezeichnet?

●
Die dem Wind zugekehrte Seite.

Prüfungsfrage 22
Welche Seite wird als Leeseite bezeichnet?

●
Die dem Wind abgekehrte Seite.

Antrieb

Verschiedene Antriebskräfte

Antrieb durch Widerstand des Segels

Auf einem Amwindkurs und teilweise auf einem Raumschotkurs schiebt der Wind das Boot. Je mehr Widerstand ein Segel bietet (die Idealform wäre eine Halbkugel), umso größer ist der Schub.

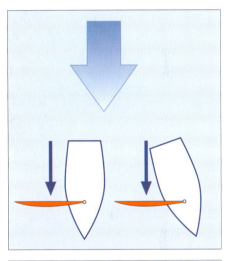

Antrieb durch Auftrieb

Ganz anders kommt der Vortrieb auf Halb- und Amwindkursen zu Stande. Moderne Flugzeuge haben aerodynamisch geformte Flügelprofile, die Auftrieb erzeugen. Die Luftmassenströme werden geteilt und strömen mit ungleicher Geschwindigkeit am Profil vorbei, an der Flügelunterseite (Luvseite des Segels) langsamer, an der Flügeloberseite (Leeseite des Segels) schneller.

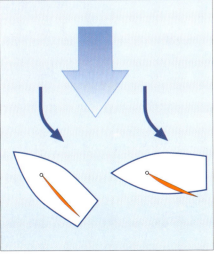

Vortrieb durch Auftrieb

Auf der **Leeseite des Segels** entsteht eine höhere Strömungsgeschwindigkeit und verursacht einen Unterdruck.

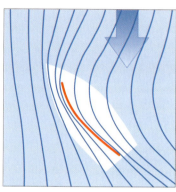

Auf der **Luvseite des Segels** entsteht eine niedrigere Strömungsgeschwindigkeit und verursacht einen Überdruck.

Der Unterdruck ist stärker als der Überdruck. Beide Kräfte wirken als **Gesamtkraft** im 90°-Winkel zum Segel.

Die **Querkraft** wirkt im 90°-Winkel zur Längsachse des Schiffs. Der Querkraft entgegen wirkt der Lateralplan als Widerstand.

Die restliche Kraft wird in **Vortrieb** umgesetzt.

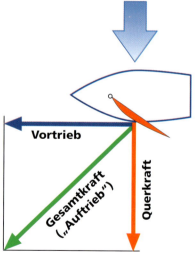

Gesamtkraft − Querkraft = Vortrieb

Antrieb

Vortrieb

Ein Vergleich der Kräfteaufteilung eines Halbwind- und eines Amwindkurses zeigt, dass beim Amwindkurs der Vortrieb geringer ist, die Querkraft im Vergleich zum Vortrieb deutlich stärker ins Gewicht fällt. Dies macht sich durch stärkere Krängung und mehr Abdrift bemerkbar.

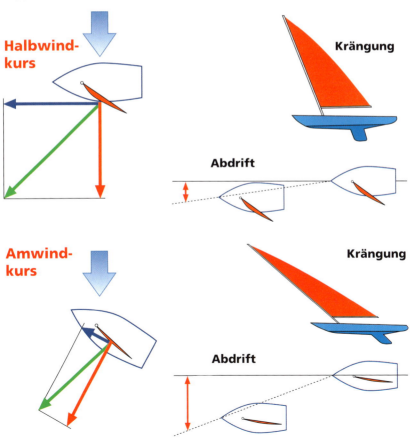

Anstellwinkel des Segels

Ein Vergleich
Ein falscher Anstellwinkel – in unserem Beispiel auf einem Halbwindkurs – hat für den Vortrieb (Geschwindigkeit) des Bootes direkte Folgen.

Anstellwinkel zu groß
Die Luft verwirbelt in Lee des Segels und erzeugt keinen Unterdruck und somit auch keinen Vortrieb. Der Anstellwinkel zwischen Segel und scheinbarem Wind ist zu groß
= **Segel fieren**.

Anstellwinkel zu klein
Der Luftstrom läuft am Segel praktisch ungehindert vorbei, wobei ebenfalls kein Unterdruck und somit auch kein Vortrieb erzeugt wird.
Der Anstellwinkel zwischen Segel und scheinbarem Wind ist zu klein
= **Segel dicht holen**.

Anstellwinkel des Segels

Vergleich der Kräfte

Unserem Vergleich liegt diesmal ein optimaler und ein nicht optimaler Anstellwinkel zu Grunde – in unserem Beispiel wieder auf einem Halbwindkurs. Uns interessieren wiederum die direkten Folgen für das Boot in Bezug auf den Vortrieb (Geschwindigkeit).

Anstellwinkel nicht optimal

Hohe Querkraft, verminderter Vortrieb, Zunahme der Krängung und Abdrift
= **Segel fieren**.

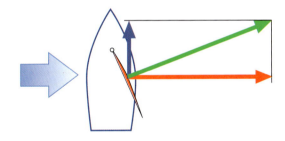

Anstellwinkel optimal

Hohe Gesamtkraft, maximaler Vortrieb, normale Krängung, minimale Abdrift.

Den optimalen Anstellwinkel – in diesem Fall mit leicht bauchigem Segel – muss man suchen:

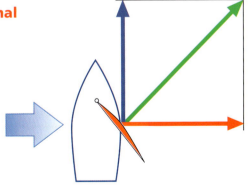

durch Fieren oder Dichtholen des Segels. Fällt das Großsegel im vorderen bauchigen Teil durch den Abwind der Fock ein, dann wieder etwas dicht holen und der optimale Anstellwinkel ist gefunden.

Bootstrimm — Antrieb

Für optimalen Antrieb: der richtige Bootstrimm

Der Bootstrimm bezieht sich auf die Längsrichtung, hat also mit der Krängung nichts zu tun, jedoch mit der „Luv- oder Leegierigkeit" eines Bootes. Luvgierig ist ein Boot, wenn der Bug ohne Gegensteuer nach Luv, leegierig, wenn der Bug nach Lee zieht.

Segeldruckpunkt (**SD**): Geometrischer Schwerpunkt der gesamten Segelfläche = Angriffspunkt für alle auf das Segel wirkenden Kräfte.

Lateraldruckpunkt (**LD**): Geometrischer Schwerpunkt des Lateralplans = Angriffspunkt für alle auf das Unterwasserschiff wirkenden Kräfte.

Liegt der Segeldruckpunkt 5-10 % vor dem Lateraldruckpunkt, ist ein Schiff theoretisch weder luv- noch leegierig, also kursstabil.

Segeldruckpunkt (SD)

Lateraldruckpunkt (LD)

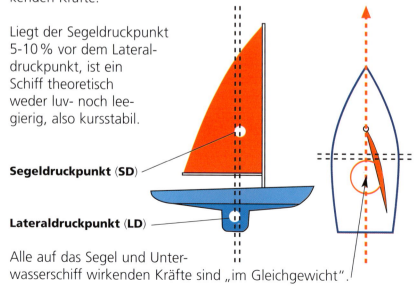

Alle auf das Segel und Unterwasserschiff wirkenden Kräfte sind „im Gleichgewicht".

Antrieb

Bootstrimm: luvgierig

Verschiebt sich der Segeldruckpunkt nach achtern (hinten) oder der Lateraldruckpunkt nach vorne, geraten die Kräfte, die auf die beiden Punkte wirken, ins „Ungleichgewicht". Der Vortrieb des (der) Segel wirkt sich im Verhältnis zum Widerstand des Unterwasserschiffs stärker aus und drückt den Bug nach Luv.

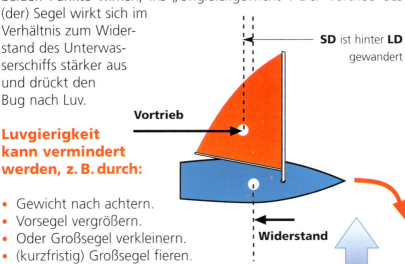

SD ist hinter LD gewandert

Luvgierigkeit kann vermindert werden, z. B. durch:

- Gewicht nach achtern.
- Vorsegel vergrößern.
- Oder Großsegel verkleinern.
- (kurzfristig) Großsegel fieren.
- Mast nach vorne versetzen.
- Masttrimm nach vorn = Neigung des Mastes verringern (normalerweise 3-5° nach achtern).

Bei zunehmender Krängung wandert der Segeldruckpunkt nach Lee aus, was zunehmende Luvgierigkeit und Abdrift zur Folge hat.

Ein gut getrimmtes Boot sollte immer leicht luvgierig sein. Es lässt sich gefühlvoller steuern und dreht von alleine mit dem Bug in den Wind (das Boot „schießt" in den Wind), z. B. beim Bruch der Pinne oder wenn der Rudergänger über Bord fällt.

Bootstrimm: leegierig

Verschiebt sich der Segeldruckpunkt nach vorn oder der Lateraldruckpunkt nach achtern, geraten die Kräfte, die auf die beiden Punkte wirken, ins „Ungleichgewicht". Die auf das (die) Segel wirkende Querkraft wirkt sich im Verhältnis zum Gegendruck des Lateralplans stärker aus und drückt den Bug nach Lee.

Leegierigkeit kann vermindert werden, z. B. durch:

- Gewicht nach vorn.
- Vorsegel verkleinern.
- Oder Großsegel verkleinern.
- (kurzfristig) Großsegel dicht holen.
- Mast nach achtern versetzen.
- Masttrimm nach achtern = Neigung des Mastes nach achtern vergrößern.

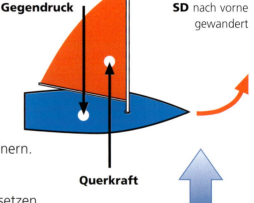

Voraussetzung für Änderungen am Boots- oder Masttrimm sind natürlich richtig getrimmte Segel und ein optimaler Anstellwinkel. Auf einer Yacht mit schwerem Kiel sind die Möglichkeiten, den Lateraldruckpunkt zu verändern, sehr beschränkt. Krängung hat immer Einfluss auf den Trimm eines Bootes.

Prüfungsfrage 572
Wie soll eine Jolle bezüglich der Krängung gesegelt werden und weshalb?

●
Möglichst aufrecht, da sonst Abdrift und Luvgierigkeit zunehmen.

Prüfungsfrage 573
Den Winkel zwischen der Richtung des „scheinbaren Windes" und der Stellung des Segels (Großbaum) nennen wir den „Anstellwinkel". Wie finden Sie in der Praxis den optimalen Anstellwinkel, wenn Sie am Wind segeln?

●
Auffieren, bis das Großsegel im vorderen Teil durch den Abwind der Fock leicht einfällt und dann wieder etwas dichter holen.

Prüfungsfrage 574
Wie wirkt sich z. B. auf einem Halbwindkurs ein zu dicht geholtes Großsegel auf die Geschwindigkeit des Bootes aus? Begründung.

●●
Das Boot wird langsamer. Die Krängung nimmt zu, dadurch wächst die Luvgierigkeit, die durch Ruderlegen ausgeglichen werden muss.

Prüfungsfrage 581
Um auf Amwindkursen Ihre Jolle auf Kurs zu halten, müssen Sie die Pinne stets stark von der Seite der Segel wegziehen. Welcher Trimmfehler liegt vor und wie kann er behoben werden?

●●●
Das Boot ist luvgierig. Abhilfe: Großsegel reffen, flacher trimmen und etwas fieren; Schwert etwas aufholen; Gewichtsverlagerung nach achtern.

Prüfungsfrage 582
Um auf Amwindkursen Ihre Jolle auf Kurs zu halten, müssen Sie die Pinne stets stark zur Seite der Segel hin drücken. Welcher Trimmfehler liegt vor und wie kann er behoben werden?

●●●
Das Boot ist leegierig. Abhilfe: Großsegel etwas dichter fahren oder bauchiger trimmen; Gewichtsverlagerung nach vorn.

Prüfungsfrage 583
Warum soll ein gut getrimmtes Segelboot leicht luvgierig sein?

●●
Weil es sich gefühlvoller steuern lässt und im Notfall (Bruch der Pinne, Mann über Bord) von selbst in den Wind schießt.

Prüfungsfrage 584
Wodurch können Sie erreichen, dass das Boot von selbst in den Wind dreht, wenn Sie die Pinne loslassen oder über Bord fallen?

Das Boot so trimmen, dass es leicht luvgierig wird.

Prüfungsfrage 585
Welchen Einfluss hat zunehmende Krängung auf den Trimm des Bootes? Begründung.

Die Luvgierigkeit nimmt zu, weil der Segeldruckpunkt nach Lee auswandert.

Segeltrimm — Antrieb

Für optimalen Antrieb: der richtige Segeltrimm
Segeltrimm bedeutet, die Segel auf dem gewählten Kurs so einzustellen, dass sie ihre Eigenschaften als aerodynamische Profile voll entfalten können.
Grundsätzlich kann man sagen:
- Kein Liek darf Falten zeigen.
- Bei wenig Wind Segel bauchiger.
- Bei viel Wind Segel flacher.

Vorsegel

1 Wirft das Vorliek Falten,
Fall strammer durchsetzen.
2 Wirft das Achterliek Falten,
Leitöse nach vorne.
3 Wirft das Unterliek Falten,
Leitöse nach achtern.

Holepunkt nennt man die Position,
an der die Vorsegelschot umgelenkt wird.
Normalerweise ist das eine Leitöse auf einer Leitschiene, von der die Schot über einen Block zum Vorschoter (auf Jollen) läuft. Auf Yachten belegt man die Vorschot auf einer Winsch.

Großsegel auftuchen
Außer bei einem Rollgroß wird das Segel nach dem Bergen „aufgetucht", das heißt, es wird in kurzen Bahnen auf den Baum gelegt und mit Bändseln daran festgezurrt.

Antrieb

Segeltrimm

Das Großsegel bietet mehr Möglichkeiten

1 Wirft das Vorliek Falten, Großfall strammer durchsetzen.
2 Mastfall (Biegung des Mastes) durch veränderte Spannung der Stagen.
3 Unterliekspannung mit dem Unterliekstrecker verändern.
4 Cunningham-Kausch* zur Abflachung der Segelwölbung.
5 Baumniederholer verhindert vor allem das Steigen des Baums auf Raumschot- und Vorwindkursen.
6 Der Befestigungspunkt der Großschot und die Position des Travellers** beeinflussen den Trimm.

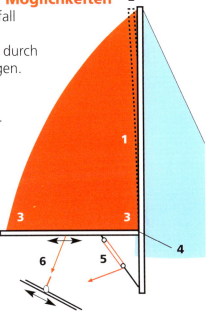

* Mit der Cunningham-Kausch wird der Hals des Großsegels nach unten gezogen. Die Segelwölbung wandert nach vorne, eine Verbesserung der Leistung auf Amwindkursen ist die Folge.

** Traveller (auch Laufkatze genannt) läuft auf einem Schlitten querschiffs. Die Großschot läuft vom Baum zum Traveller und wird mit der Travellerleine nach Lee gezogen und arretiert = flaches, oder mittschiffs arretiert = bauchiges Segel.

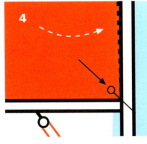

Prüfungsfrage 575
Was versteht man unter „Auftuchen eines angeschlagenen Großsegels" und wie wird dies gemacht?

●●
Auftuchen bedeutet z. B. das Zusammenlegen des Großsegels auf dem Großbaum. Das Großsegel wird in Buchten auf den Baum gelegt und festgezurrt.

Prüfungsfrage 576
Wie wirkt sich ein Holepunkt, der zu weit vorne liegt, auf Stand und Beanspruchung des Vorsegels aus?

●●
Das Unterliek killt, das Achterliek wird übermäßig gereckt.

Prüfungsfrage 577
Wie wirkt sich ein Holepunkt, der zu weit achtern liegt, auf Stand und Beanspruchung des Vorsegels aus?

●●
Das Achterliek killt, das Unterliek wird übermäßig gereckt.

Prüfungsfrage 578
Wie muss ein Segel bei leichtem Wind getrimmt werden?

●
Es soll bauchig stehen.

Prüfungsfrage 579
Wie muss ein Segel bei starkem Wind getrimmt werden?

●
Es soll flach getrimmt werden.

Prüfungsfrage 580
Wie beeinflusst ein Unterliekstrecker den Trimm des Großsegels?

●●
Er reguliert die Spannung des Unterlieks parallel zum Baum. Je nach Zugkraft wird der untere Teil des Großsegels bauchiger oder flacher.

Zeichen

Mit **Bojen** oder **Tonnen** werden Fahrwasser bezeichnet, in Fließrichtung rote auf der rechten, grüne auf der linken Seite, die Trennung von Fahrwassern mit rot/grünen Bojen oder Tonnen.

Für die Schifffahrt gefährliche Hindernisse wie z. B. Brückenpfeiler sind mit gelben Tonnen markiert.

Durchfahrten unter Brücken sind mit **Tafeln**, bewegliche Brücken mit **Lichtsignalen** und das Ein- und Ausfahren an Schleusen mit Lichtsignalen oder Tafeln gekennzeichnet.

Hinweistafeln sind blau-weiß, **Verbotstafeln** rot-schwarz.

Schallsignale sind bis auf fünf Ausnahmen der gewerblichen Schifffahrt vorbehalten.

Notsignale können akustische und optische Zeichen sein, Flaggen am Tag, Lichter bei Nacht.

Auch die **Lichter** der Schiffe könnte man als solche bezeichnen. An den Positionslichtern erkennt man die Richtung eines Fahrzeugs, an der so genannten Lichterführung Art und Länge. Schiffe mit gefährlichen Gütern signalisieren dies mit Zeichen, nachts mit Lichtern.

Die gewerbliche Schifffahrt benutzt am Tag Tafeln und nachts Lichter, um sich über die Begegnungsseite abzusprechen.

Bezeichnung von Fahrwassern

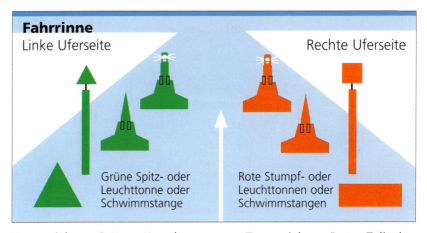

Fahrrinne
Linke Uferseite — Rechte Uferseite

Grüne Spitz- oder Leuchttonne oder Schwimmstange

Rote Stumpf- oder Leuchttonnen oder Schwimmstangen

Toppzeichen: Grüner Kegel — Toppzeichen: Roter Zylinder

Fahrrinnenspaltung
Linke Uferseite — Rechte Uferseite

Kugeltonne oder Schwimmstange, rot/grün waagerecht gestreift

Toppzeichen: Rot/grün gestreifter Ball

Hindernisse im Fahrwasser

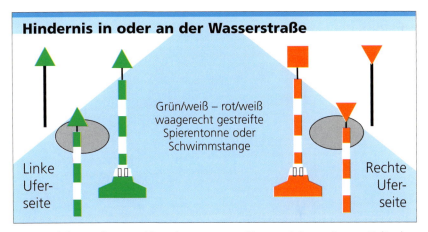

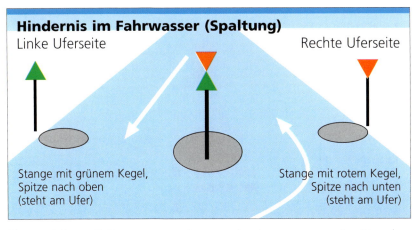

Bezeichnung von Hindernissen/Fahrrinne

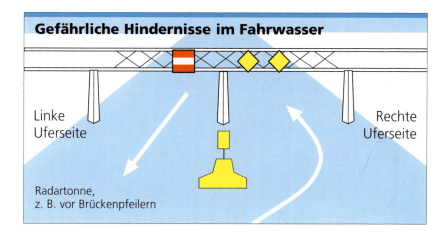

Gefährliche Hindernisse im Fahrwasser

Linke Uferseite

Rechte Uferseite

Radartonne, z. B. vor Brückenpfeilern

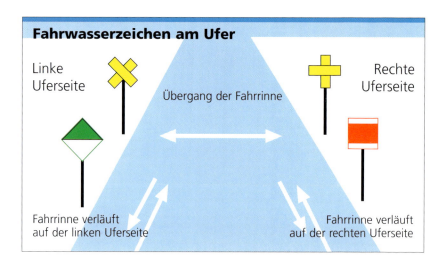

Fahrwasserzeichen am Ufer

Linke Uferseite

Übergang der Fahrrinne

Rechte Uferseite

Fahrrinne verläuft auf der linken Uferseite

Fahrrinne verläuft auf der rechten Uferseite

Prüfungsfrage 83
Wie werden die Uferseiten – rechtes, linkes Ufer – bezeichnet?

●
Bei Flüssen in Fließrichtung.

Prüfungsfrage 84
Welche Zeichen begrenzen die Fahrrinne zum rechten Ufer?

●
Rote Stumpftonnen oder Schwimmstangen, eventuell mit rotem Zylinder als Toppzeichen.

Prüfungsfrage 85
Welche Zeichen begrenzen die Fahrrinne zum linken Ufer?

●
Grüne Spitztonnen oder Schwimmstangen, eventuell mit grünem Kegel, Spitze nach oben, als Toppzeichen.

Prüfungsfrage 86
Welche Fahrrinnenseite eines strömenden Gewässers hat ein Bergfahrer an seiner Steuerbordseite und wie ist diese gekennzeichnet?

●●
Die linke Fahrrinnenseite, gekennzeichnet durch grüne Spitztonnen.

Prüfungsfrage 87
Sie fahren zu Tal. Voraus haben Sie eine rote, stumpfe Tonne.
1. Auf welcher Fahrrinnenseite befindet sich diese Tonne?
2. Auf welcher Schiffsseite lassen Sie diese Tonne bei der Vorbeifahrt liegen?

●●
1. Auf der rechten Fahrrinnenseite.
2. An meiner Steuerbordseite.

Prüfungsfrage 88
Sie fahren zu Berg. Voraus haben Sie eine rote, stumpfe Tonne.
1. Auf welcher Fahrrinnenseite befindet sich diese Tonne?
2. Auf welcher Schiffsseite lassen Sie diese Tonne bei der Vorbeifahrt liegen?

●●
1. Auf der rechten Fahrrinnenseite.
2. An meiner Backbordseite.

Prüfungsfrage 89
Sie fahren in der Fahrrinne gegen den Strom. Voraus haben Sie eine grüne Spitztonne.
1. Auf welcher Fahrrinnenseite befindet sich diese Tonne?
2. Auf welcher Schiffsseite lassen Sie diese Tonne bei der Vorbeifahrt liegen?

●●
1. Auf der linken Fahrrinnenseite.
2. An meiner Steuerbordseite.

Prüfungsfrage 90
Was bedeutet eine grün-rot gestreifte Tonne oder Schwimmstange?

●
Fahrrinnenspaltung.

Prüfungsfrage 91
Mit welchen Zeichen werden Hindernisse (Buhnen etc.) am rechten Ufer bezeichnet?

●●
Stangen oder rot-weiß gestreifte Schwimmstangen mit rotem Kegel, Spitze nach unten, oder rote Tonnen mit rot-weiß gestreiftem Aufsatz.

Prüfungsfrage 92
Sie sehen voraus eine grün-weiß gestreifte Schwimmstange mit grünem Kegel, Spitze nach oben, oder eine grüne Tonne mit grün-weiß gestreiftem Aufsatz. An welcher Uferseite befinden sich diese Zeichen?

●
An der linken Uferseite.

Prüfungsfrage 93
Welche Bedeutung haben gelbe Tonnen vor Brückenpfeilern?

●●
Es sind Tonnen mit einem Radarreflektor zur Kenntlichmachung der Brückenpfeiler auf dem Radarschirm.

Prüfungsfrage 94
Warum muss von den ausgelegten Tonnen ein ausreichender Sicherheitsabstand eingehalten werden?

●●
Weil die Tonnen durch Wasserstandsschwankungen, Wind- oder Strömungseinwirkung ihre Lage ändern können.

Brücken zeichen

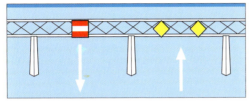

Links:
Durchfahrt verboten.
Rechts:
Empfohlene Durchfahrt,
Gegenverkehr.

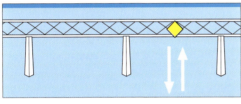

Rechts:
Empfohlene Durchfahrt,
Gegenverkehr.

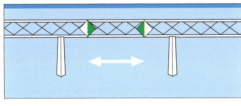

Durchfahrt innerhalb der grünen Markierungen empfohlen.

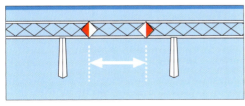

Durchfahrt außerhalb der roten Markierungen verboten.

Um Wasserstrecken oder Brückendurchfahrten freizugeben oder zu sperren, gibt es Lichter, Flaggen und Tafeln. Grüne Lichter oder grün-weiße Tafeln bdeuten freie Fahrt, rote Lichter, rote Fahnen und rot-weiße Tafeln bedeuten Durchfahrt verboten.

Bewegliche Brücken

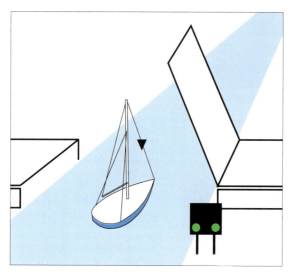

Die Kenntnis der Sichtzeichen an beweglichen Dreh- und Hubbrücken wird bei der theoretischen Prüfung nicht verlangt. Wichtig sind sie trotzdem.
Vorsicht: Verwechslungsgefahr mit den Sichtzeichen an und in Schleusen!

| Brücke gesperrt | Vorübergehend geschlossen | Keine Durchfahrt | Keine Durchfahrt. Brücke in Bewegung | Durchfahrt frei |

(Brücke geschlossen oder vorübergehend geschlossen)

Durchfahrt frei für Fahrzeuge, für die die Durchfahrtshöhe mit Sicherheit ausreicht.

Schleusen

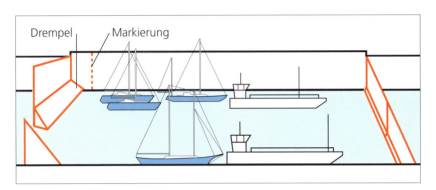

Vor dem Einlaufen in die Schleuse: Leinen und Bootshaken bereithalten und die Fender anbringen. Wenn nicht anders vom Schleusenpersonal angeordnet, fahren erst die Berufsschifffahrt und dann die Sportschiffer in die Schleuse ein. Seitliche Markierungen beachten. Leinen nicht festmachen, nur belegen und festhalten, um so während der Schleusung auf den veränderten Wasserstand reagieren zu können. Sicherheitsabstand – vor allem beim Ausfahren – wahren, um nicht durch das Schraubenwasser des Vorausfahrenden quer zu schlagen, Leinen also nicht zu früh loswerfen.

 Keine Einfahrt, Schleuse geschlossen

 Keine Einfahrt, Vorbereitungen zum Einlaufen treffen

 Keine Einfahrt, Öffnung wird vorbereitet

 Einfahrt frei

 Ausfahrt verboten

  Ausfahrt erlaubt

 Schleuse außer Betrieb

Prüfungsfrage 95
Sie sehen an einer Brücke unten stehende Tafel. Welche Bedeutung hat diese Tafel?

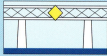

● Empfohlene Durchfahrt in beiden Richtungen.

Prüfungsfrage 96
Sie sehen an einer Brücke unten stehende Tafeln. Welche Bedeutung haben diese Tafeln?

 oder

●● Empfohlene Durchfahrt. In der Gegenrichtung gesperrt.

Prüfungsfrage 97
Sie sehen an einer Brücke nebenstehende Tafel. Welche Bedeutung hat diese Tafel?

● Durchfahrt durch diese Brückenöffnung ist für alle Fahrzeuge gesperrt.

Prüfungsfrage 98
Sie sehen an einer Brücke unten stehende Tafeln. Welche Bedeutung haben diese Tafeln?

● Die Brückenöffnung darf nur zwischen diesen Tafeln durchfahren werden.

Prüfungsfrage 99
Sie kommen am Tage an die unten stehend gekennzeichnete Brücke. Welche Bedeutung haben diese Tafeln?

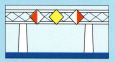

●● Gelb: Empfohlene Durchfahrt mit Gegenverkehr. Rot-weiß: Seitliche Begrenzung der erlaubten Brückendurchfahrt.

Prüfungsfrage 100
Sie kommen am Tage an die nebenstehend gekennzeichnete Brücke.

●● 1. Durchfahrt ohne Gegenverkehr.
2. Verbot der Durchfahrt.

Was bedeuten diese Tafeln und wo fahren Sie durch?

Prüfungsfrage 112
Sie sehen an einer Schleuse nebenstehende Lichter. Welche Bedeutung haben diese Lichter?

• Keine Einfahrt, Schleuse geschlossen.

Prüfungsfrage 113
Sie sehen an einer Schleuse nebenstehende Lichter. Welche Bedeutung haben diese Lichter?

• Keine Einfahrt. Schleuse außer Betrieb.

Prüfungsfrage 114
Sie sehen an einer Schleuse ein oder zwei grüne Lichter. Welche Bedeutung hat dieses Licht bzw. haben diese Lichter?

• Einfahrt bzw. Ausfahrt frei.

Prüfungsfrage 115
Sie sehen an einer Schleuse ein rotes oder ein rotes und ein grünes Licht. Welche Bedeutung hat dieses Licht bzw. haben diese Lichter?

• Keine Einfahrt, Öffnung der Schleuse wird vorbereitet.

Prüfungsfrage 189
Welche Vorbereitungen treffen Sie vor dem Einlaufen in eine Schleuse?

• Leinen, Fender und Bootshaken bereithalten.

Prüfungsfrage 190
In welcher Reihenfolge laufen Fahrzeuge der gewerblichen Schifffahrt und Sportboote in die Schleuse ein?

•• Wenn es vom Schleusenpersonal nicht anders bestimmt wird, fahren Sportboote hinter den Fahrzeugen der gewerblichen Schifffahrt in die Schleuse ein.

Prüfungsfrage 191
Sie müssen zusammen mit Fahrzeugen der gewerblichen Schifffahrt schleusen, da eine eigene Bootsschleuse nicht vorhanden ist.
1. Bei welchem Lichtsignal dürfen Sie in die Schleuse fahren?
2. Wann fahren Sie in die Schleuse ein?

1. Zwei grüne Lichter nebeneinander oder ein grünes Licht.
2. Grundsätzlich nach den Fahrzeugen der gewerblichen Schifffahrt, es sei denn, der Schleusenwärter gibt eine andere Anweisung.

Prüfungsfrage 192
Worauf müssen Sie beim Abschleusen besonders achten?

Auf den Drempel am Obertor. Die entsprechende Begrenzungslinie ist zu beachten. Auf Fieren der Leinen achten.

Prüfungsfrage 193
Wie ist der Drempel am Obertor einer Schleuse bezeichnet?

Durch Farbmarkierungen an der Schleusenmauer.

Prüfungsfrage 194
Warum dürfen in einer Schleuse die Leinen nicht fest belegt werden?

Damit die Leinen gefiert bzw. durchgeholt werden können und im Notfall das Boot sofort losgeworfen werden kann.

Prüfungsfrage 195
Sie müssen zusammen mit Fahrzeugen der gewerblichen Schifffahrt schleusen. Worauf haben Sie bei der Schleuseneinfahrt unbedingt zu achten?

Hinter den Fahrzeugen der gewerblichen Schifffahrt einfahren. Wegen Schraubenwassers der vorausfahrenden Fahrzeuge Sicherheitsabstand einhalten.

Prüfungsfrage 196
Sie liegen zusammen mit Fahrzeugen der gewerblichen Schifffahrt in der Schleuse. Worauf haben Sie besonders zu achten?
1. Während der Schleusung.
2. Bei der Ausfahrt.

1. Leinen besetzt halten; nicht belegen.
2. Sicherheitsabstand wegen des Schraubenwassers der vorausfahrenden Fahrzeuge; Leinen nicht zu früh loswerfen!

Zeichen

Hinweiszeichen

Liegeplätze, an denen Sportboote anlegen dürfen.

Vorsicht, Verwechslungsgefahr!

Empfohlener Wendeplatz.
Stillliegen für alle Fahrzeuge verboten.

Vorsicht, Wehr!

Hinweis auf eine nicht frei fahrende Fähre.

Ende eines Verbots, Gebots oder einer Einschränkung in einer Fahrtrichtung.

Die Kenntnis der folgenden Hinweiszeichen wird bei der theoretischen Prüfung nicht verlangt: **1** Empfohlene Fahrtrichtung. **2** Ankern erlaubt. **3** Festmachen erlaubt. **4** Stillliegen erlaubt. Rechts: Die gegenteiligen Ge- und Verbotsschilder.

1
2
3
4

Verbots- und Gebotszeichen

Durchfahrt für alle Fahrzeuge verboten.

Gesperrte Wasserfläche, für Kleinfahrzeuge ohne Maschinenantrieb befahrbar.

Anhalten, vor dieser Tafel warten, bis Weiterfahrt freigegeben wird (z. B. vor Schleusen).

Vorsicht!

Vorgeschriebene Fahrtrichtung.

Einfahrt verboten (z. B. in einen Hafen oder eine Nebenwasserstraße).

Geschwindigkeit einhalten, die in Stundenkilometern angegebene Geschwindigkeit gegenüber dem Ufer (i) darf nicht überschritten werden.

Zeichen

Verbots- und Gebotszeichen

Liegeverbot,
in diesem Fall auf 1.000 m, jeweils an der
Uferseite, an dem das Schild steht.

Liegeverbot,
jeweils an der Uferseite, an dem das Schild steht.

Ankerverbot.

Festmacheverbot,
jeweils an der Uferseite, an dem das Schild steht.

Wendeverbot.

Abstand vom rechten Ufer, in diesem Fall 40 m.

Verbots- und Gebotszeichen

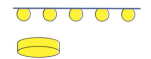

Allgemeines Überholverbot,
es gilt nicht für Kleinfahrzeuge, verpflichtet aber
zu erhöhter Aufmerksamkeit
(z. B. bei Fahrwasserverengungen, bei Bauarbeiten
oder vor unübersichtlichen Flusskrümmungen).

Begegnungs- und Überholverbot,
es gilt nicht für Kleinfahrzeuge, verpflichtet aber
zu erhöhter Aufmerksamkeit.

Sog und Wellenschlag vermeiden.

„Schutzbedürftige Anlage" oder „schutzbedürfti-
ges Fahrzeug".
Rot-weiße Flagge, nachts rotes über weißem Licht.
Sog und Wellenschlag vermeiden,
Geschwindigkeit reduzieren,
Vorbeifahrt in möglichst weitem Abstand.

Geschützte Badezonen,
gekennzeichnet durch gelbe Tonnen oder Bojen.
Sog und Wellenschlag vermeiden, auf Schwimmer
außerhalb der Badeanstalt achten, Abstand halten.

Prüfungsfrage 101
Sie sehen am Ufer nebenstehende Tafel. Welche Bedeutung hat dieses Zeichen?

Hinweis auf eine nicht frei fahrende Fähre.

Prüfungsfrage 102
Auf einem Fahrzeug oder in Ufernähe sehen Sie eine rot-weiße Flagge. Was bedeutet diese Flagge und wie verhalten Sie sich?

Schutzbedürftiges Fahrzeug oder schutzbedürftige schwimmende Anlage. Geschwindigkeit vermindern. Sog und Wellenschlag vermeiden.

Prüfungsfrage 103
Welche Bedeutung hat die Tag- und Nachtbezeichnung dieser Fahrzeuge?

●●●
Schutzbedürftiges Fahrzeug oder schutzbedürftige schwimmende Anlage. Vorbeifahrt in möglichst weitem Abstand. Geschwindigkeit vermindern. Sog und Wellenschlag vermeiden.

Prüfungsfrage 104
Sie sehen nebenstehende Tafel. Welche Bedeutung hat diese Tafel?

●
Sog und Wellenschlag vermeiden.

Prüfungsfrage 105
Sie befinden sich auf einer Binnenschifffahrtsstraße und sehen nebenstehende Tafel.
1. Welche Bedeutung hat diese Tafel?
2. Welche Lichter haben die gleiche Bedeutung?

1. Sog und Wellenschlag vermeiden.
2. Rotes über weißem Licht.

Prüfungsfrage 106
Sie befinden sich auf einer Binnenschifffahrtsstraße und sehen unten stehende Lichter.
1. Was bedeuten diese Lichter?
2. Wie ist das Tagsignal?

● ● ●
1. Sog und Wellenschlag vermeiden.
2. Rot-weiße Flagge/Tafel oder Tafel mit Wellenlinien.

Prüfungsfrage 107
Sie sehen unten stehende Tafeln. Welche Bedeutung haben diese Tafeln?

● ● ●
1. Gesperrte Wasserfläche; jedoch für Kleinfahrzeuge ohne Maschinenantrieb befahrbar.
2. Gesperrt für alle Fahrzeuge.

Prüfungsfrage 108
Sie sehen unten stehende Tafel. Welche Bedeutung hat diese Tafel?

● ●
Schifffahrtssperre. Verbot der Durchfahrt für alle Fahrzeuge.

Prüfungsfrage 109
Sie sehen an der Einfahrt zu einer Wasserfläche unten stehende Tafel. Welche Bedeutung hat diese Tafel?

● ●
Wasserfläche gesperrt. Ausgenommen Kleinfahrzeuge ohne Maschinenantrieb.

Prüfungsfrage 110
Wie können geschützte Badezonen gekennzeichnet sein?

●
Durch gelbe Bojen oder Tonnen.

Prüfungsfrage 111
Wie verhalten Sie sich in unmittelbarer Nähe von Badeanstalten?

● ●
Abstand halten, auf Schwimmer außerhalb der Badeanstalt achten. Sog und Wellenschlag vermeiden.

Prüfungsfrage 116
Sie sehen vor einer Schleuse nebenstehende Tafel. Welche Bedeutung hat diese Tafel?

- Vor dieser Tafel anhalten, bis Weiterfahrt freigegeben wird.

Prüfungsfrage 117
Sie sehen unten stehende Tafel. Welche Bedeutung hat diese Tafel?

- Vorgeschriebene Fahrtrichtung.

Prüfungsfrage 118
Sie sehen neben stehendes Zeichen. Welche Bedeutung hat dieses Zeichen, wenn das rote Licht brennt?

- Verbot der Einfahrt in einen Hafen oder eine Nebenwasserstraße.

Prüfungsfrage 119
Sie sehen nebenstehende Tafel. Welche Bedeutung hat diese Tafel?

- Die Zahl gibt den Abstand in Metern an, in dem man sich vom Ufer entfernt halten soll.

Prüfungsfrage 120
Sie sehen nebenstehende Tafel. Welche Bedeutung hat diese Tafel?

●●
Die in Stundenkilometern angegebene Geschwindigkeit gegenüber dem Ufer darf nicht überschritten werden.

Prüfungsfrage 121
Sie sehen nebenstehende Tafel. Welche Bedeutung hat diese Tafel?

●
Besondere Vorsicht walten lassen.

Prüfungsfrage 122
Sie sehen nebenstehende Tafel. Welche Bedeutung hat diese Tafel?

●●
1. Überholen verboten.
2. Es gilt nicht für Kleinfahrzeuge, verpflichtet aber zu erhöhter Aufmerksamkeit.

Prüfungsfrage 123
Sie sehen nebenstehende Tafel. Welche Bedeutung hat diese Tafel?

●●
Begegnen und Überholen verboten. Es gilt nicht für Kleinfahrzeuge, verpflichtet aber zu erhöhter Aufmerksamkeit.

Prüfungsfrage 124
Sie sehen nebenstehende Tafel. Welche Bedeutung hat diese Tafel?

●
Wendeverbot.

Prüfungsfrage 125
Gilt für Kleinfahrzeuge ein durch Schifffahrtszeichen angezeigtes
1. Wendeverbot?
2. Überholverbot?

●●
1. Ja.
2. Nein.

Prüfungsfrage 126
Sie sehen nebenstehende Tafel. Welche Bedeutung hat diese Tafel?

●
Ende eines Ge- oder Verbots bzw. einer Einschränkung in einer Fahrtrichtung.

Prüfungsfrage 127
Sie sehen unten stehende Tafeln. Welche Bedeutungen haben diese Tafeln?

●●
1. Ankerverbot.
2. Festmacheverbot jeweils auf der Seite der Wasserstraße, auf der die betreffende Tafel steht.

Prüfungsfrage 128
Sie sehen nebenstehende Tafel. Welche Bedeutung hat diese Tafel?

●
Ankerverbot auf der Seite der Wasserstraße, auf der diese Tafel steht, und zwar von 50 m oberhalb bis 50 m unterhalb der Tafel.

Prüfungsfrage 129
Sie sehen nebenstehende Tafel. Welche Bedeutung hat diese Tafel?

●
Festmacheverbot auf der Seite der Wasserstraße, auf der die Tafel steht.

Prüfungsfrage 130
Sie sehen nebenstehende Tafel. Welche Bedeutung hat diese Tafel?

●
Liegeverbot auf der Seite der Wasserstraße, auf der die Tafel steht.

Prüfungsfrage 131
Sie sehen unten stehende Tafeln. Welche Bedeutung haben diese Tafeln?

●
Liegeverbot zwischen den Tafeln auf 1.000 m auf der Seite der Wasserstraße, auf der die Zeichen stehen.

Prüfungsfrage 132
Sie sehen nebenstehende Tafel. Welche Bedeutung hat diese Tafel und was ist zugleich verboten?

●●
Empfohlener Wendeplatz. Stillliegen für alle Fahrzeuge verboten.

Prüfungsfrage 133
An einer verbreiterten Stelle einer sonst engen Schifffahrtsstraße steht ein blaues Hinweisschild „Empfohlener Wendeplatz". Was ist hier zugleich verboten?

Stillliegen (Ankern und Festmachen).

Prüfungsfrage 134
Was bedeutet nebenstehende Tafel?

Wehr.

Prüfungsfrage 135
Liegeplätze können u. a. mit unten stehenden Tafeln bezeichnet sein. Bei welcher Tafel darf ein Kleinfahrzeug anlegen?

Nur bei Tafel 2.

Prüfungsfrage 136
Liegeplätze können u. a. mit unten stehenden Tafeln bezeichnet sein. Bei welcher Tafel darf ein Kleinfahrzeug anlegen?

Nur bei Tafel 3.

Schallsignale

Sportboote unter 20 m können Schallsignale geben, müssen aber nicht. Kennen sollte man sie aber trotzdem.
Ein kurzer Ton • = etwa eine Sekunde.
Ein langer Ton — = etwa vier Sekunden.

	Signal	Bedeutung
Auch für Kleinfahrzeuge	—	Achtung
	•	Kursänderung nach Steuerbord
	• •	Kursänderung nach Backbord
	• • •	Maschine geht rückwärts
	• • • •	Fahrzeug ist manövrierunfähig
Schallsignale ausschließlich gewerbliche Schifffahrt	• • • • •	Überholen nicht möglich
	• • • • • • • • (Folge sehr kurzer Töne)	Gefahr eines Zusammenstoßes
	— •	Wenden über Steuerbord
	— • •	Wenden über Backbord
	— — •	Überholen an Stb. des Vorausfahrenden
	— — • •	Überholen an Bb. des Vorausfahrenden
	— — —	Hafen oder Nebenwasserstraße; Ein- oder Ausfahrt, queren
	— — — •	Hafen oder Nebenwasserstraße; Ein- oder Ausfahrt mit Kursänderung nach Stb.
	— — — • •	Hafen oder Nebenwasserstraße; Ein- oder Ausfahrt mit Kursänderung nach Bb.

Zeichen

Schallsignale

Geraten Schiffe der gewerblichen Schifffahrt mit brennbarer, explosiver, giftiger oder radioaktiver Ladung an Bord in gefährliche Situationen, geben sie mindestens 15 Minuten lang das „Bleibweg-Signal", eine Kombination aus kurzem und langem Ton. Wer dieses Signal hört, muss so schnell wie möglich den Gefahrenbereich verlassen.

• ▬ • ▬ • ▬ • ▬ • ▬	Bleib-weg-Signal
(mindestens 15 Minuten)	

Nebelsignale gelten nur für die Berufsschifffahrt. Kleinfahrzeuge sollten bei Nebel oder unsichtigem Wetter das Fahrwasser sofort verlassen, bei verminderter Sicht die Fahrweise anpassen.

Talfahrer mit Radar geben 3 x hintereinander drei ohne Unterbrechung aufeinander folgende Töne von verschiedener Höhe.

Einzeln fahrende Schiffe oder Schubverbände (außer den Radartalfahrern) geben mindestens jede Minute einen langen Ton.

Stillliegende Schiffe geben mindestens jede Minute eine Gruppe (etwa vier Sekunden) von Glockenschlägen:

Ich liege auf der linken Fahrwasserseite	🔔🔔🔔🔔		
Ich liege auf der rechten Fahrwasserseite	🔔🔔🔔🔔	🔔🔔🔔🔔	
Meine Lage ist unbestimmt	🔔🔔🔔🔔	🔔🔔🔔🔔	🔔🔔🔔🔔

Prüfungsfrage 137
Wie lang ist ein „kurzer Ton"?

● Etwa eine Sekunde.

Prüfungsfrage 138
Wie lang ist ein „langer Ton"?

● Etwa vier Sekunden.

Prüfungsfrage 139
Was bedeutet ein langer Ton?

● Achtung.

Prüfungsfrage 140
Was bedeutet ein kurzer Ton?

● Kursänderung nach Steuerbord.

Prüfungsfrage 141
Was bedeuten zwei kurze Töne?

● Kursänderung nach Backbord.

Prüfungsfrage 142
Was bedeuten drei kurze Töne?

● Maschine geht rückwärts.

Prüfungsfrage 143
Was bedeuten vier kurze Töne?

●● Fahrzeug ist manövrierunfähig.

Prüfungsfrage 144
Was bedeuten fünf kurze Töne?

● Überholen nicht möglich.

Prüfungsfrage 145
Was bedeutet unten stehendes Schallsignal?   ━●

● Wenden über Steuerbord.

Prüfungsfrage 146
Was bedeutet unten stehendes Schallsignal?   ━●●

● Wenden über Backbord.

Prüfungsfrage 147
Was bedeutet unten stehendes Schallsignal?   ━━●

●● Überholen an der Steuerbordseite des Vorausfahrenden.

Prüfungsfrage 148
Was bedeutet unten stehendes Schallsignal?   ━━●●

●● Überholen an der Backbordseite des Vorausfahrenden.

Prüfungsfrage 149
Was bedeutet unten stehendes Schallsignal? ▬ ▬ ▬ ●

● ●
Hafen oder Nebenwasserstraße. Ein- oder Ausfahrt mit Kursänderung nach Steuerbord.

Prüfungsfrage 150
Was bedeutet unten stehendes Schallsignal? ▬ ▬ ▬ ● ●

● ●
Hafen oder Nebenwasserstraße. Ein- oder Ausfahrt mit Kursänderung nach Backbord.

Prüfungsfrage 151
Sie hören bei verminderter Sicht 3 x drei Töne in verschiedener Höhe. Welche Bedeutung hat dieses Signal?

● ●
Talfahrer, der mit Radarhilfe fährt.

Prüfungsfrage 152
Sie hören eine Folge sehr kurzer Töne. Was bedeutet dieses Schallsignal?

●
Gefahr eines Zusammenstoßes.

Prüfungsfrage 153
Sie hören eine Reihe von Tönen, abwechselnd kurz-lang-kurz-lang mit entsprechendem Lichtsignal. Was bedeuten diese Signale?

● ● ●
Bleib-weg-Signal. Gefahr durch gefährliche Güter, sofort Gefahrenbereich verlassen. Feuer und Zündfunken vermeiden (Explosions- und Katastrophengefahr).

Prüfungsfrage 180
Sie fahren bei Sichtbeeinträchtigung ohne Radar und hören 3 x drei aufeinander folgende Töne von verschiedener Höhe.
1. Was bedeutet dieses Schallzeichen?
2. Was tun Sie?

● ●
1. Talfahrer, der unter Radar fährt.
2. Langen Ton geben, Funkmeldung absetzen und Fahrwasser möglichst verlassen.

Notsignale

Notsignale dürfen nur in Notsituationen gegeben werden. Notsituationen sind z. B. Wassereinbruch im Schiff verbunden mit der Gefahr des Sinkens, über Bord gefallene Personen oder verletzte Person an Bord eines manövrierunfähigen Fahrzeugs. Sehen Sie einen in Not geratenen Schwimmer oder einen erschöpften, abtreibenden Surfer, ist ebenfalls eine Notsituation gegeben, auch wenn Sie selbst nicht unmittelbar betroffen sind. Jeder ist zur Hilfeleistung verpflichtet, selbst dann, wenn er gegen geltende Bestimmungen verstoßen muss. Jede Hilfe sollte die eigene Sicherheit nicht gefährden und mit der Sicherheit des eigenen Fahrzeugs vereinbar sein. Notsignale dienen auch dazu, andere auf die Situation aufmerksam zu machen, um sie zur Hilfeleistung aufzufordern.

Notsignale:
Wiederholte lange Töne, Gruppen von Glockenschlägen, eine rote Fahne, bei Nacht ein rotes Licht im Kreis schwenken.

Surfer machen mit kreisendem Arm und/oder akustisch mit einer Signalpfeife auf ihre Notsituation aufmerksam.

Prüfungsfrage 156
Welche Signale bzw. Zeichen geben Sie, wenn Sie in Not sind und dringend Hilfe brauchen?

●●●
Gruppen von Glockenschlägen, wiederholt lange Töne geben. Bei Tag eine rote Flagge oder einen sonstigen Gegenstand, bei Nacht ein Licht im Kreis schwenken.

Prüfungsfrage 157
Sie sehen am Tag ein Fahrzeug, auf dem eine rote Flagge im Kreis geschwenkt wird.
1. Was bedeutet das?
2. Wie ist das Nachtsignal?
3. Wie verhalten Sie sich?

1. Von einem in Not befindlichen Fahrzeug wird Hilfe herbeigerufen.
2. Statt der Flagge ein Licht kreisen.
3. Ich leiste Hilfe, so weit das mit der Sicherheit meines Fahrzeugs vereinbar ist.

Prüfungsfrage 158
Wie können Sie anzeigen, dass Sie in Not geraten sind und dringend Hilfe benötigen?
1. Am Tag.
2. Bei Nacht.
3. Durch Schallsignal.

1. Eine rote Flagge oder einen sonstigen Gegenstand im Kreis schwenken.
2. Ein Licht, das im Kreis geschwenkt wird.
3. Wiederholt lange Töne oder Gruppen von Glockenschlägen geben.

Prüfungsfrage 159
Auf dem Wasser ist ein Mensch in Not geraten. Wie verhalten Sie sich?

Wenn möglich, Hilfe leisten. Sonst Hilfe holen.

Prüfungsfrage 160
Sie sehen auf einem Gewässer, dass ein Segelsurfer auf seinem Brett sitzt und immer weiter abgetrieben wird. Wozu sind Sie verpflichtet?

Zur Hilfeleistung, sofern dies ohne eigene Gefährdung möglich ist; sonst ist sofort Hilfe zu holen.

Prüfungsfrage 161
Welche Notsignale kann ein Segelsurfer auf Binnenschifffahrtsstraßen geben?
1. Optisch.
2. Akustisch.

1. Kreisförmiges Schwenken des Arms oder eines Gegenstandes.
2. Fortgesetzte lange Töne mit einer Pfeife.

Prüfungsfrage 162
Welche Notsignale kann ein Segelsurfer geben?

1. Kreisförmiges Schwenken eines Arms oder eines Gegenstandes.
2. Fortgesetzte lange Töne mit einer Pfeife.
3. Langsames Heben und Senken der seitlich ausgestreckten Arme.

Manövrierunfähigkeit

Ein Fahrzeug ist manövrierunfähig, wenn die Ruder- oder die Maschinenanlage ausgefallen ist. Das muss noch lange keine Notsituation sein. Wenn man das Ufer nicht mit Paddel oder einem Notruder erreicht, lässt man den Anker fallen. Ein Ankerlieger setzt den schwarzen Ankerball, nachts das Ankerlicht. Ist Ankern nicht möglich und treibt das Fahrzeug (auch ein treibendes Fahrzeug ist „in Fahrt"), muss man seine **Manövrierunfähigkeit signalisieren:** vier kurze Töne,
eine rote Fahne,
bei Nacht ein rotes
Licht schwenken.

Prüfungsfrage 154
Welche Signale bzw. Zeichen geben Sie, wenn Ihr Boot manövrierunfähig geworden ist?

● ● ●
Vier kurze Töne. Bei Tag eine rote Flagge, bei Nacht ein rotes Licht schwenken.

Prüfungsfrage 155
Sie hören vier kurze Töne.
1. Was bedeutet das Schallsignal?
2. Welche optischen Zeichen können hierfür gegeben werden?

● ● ●
1. Fahrzeug ist manövrierunfähig.
2. Rote Flagge oder rotes Licht schwenken.

Prüfungsfrage 501
Sie befinden sich mit Ihrem Segelboot im Fahrwasser. Der Wind flaut völlig ab, der Motor lässt sich nicht starten. Was tun Sie?

● ● ●
Mit Paddeln oder Schlepphilfe das Fahrwasser freimachen. Anker klarmachen. Signale für Schifffahrt: Rote Flagge (nachts rotes Licht) schwenken. Schallsignal (4 x kurz).

Lichter

Das System – fast perfekt

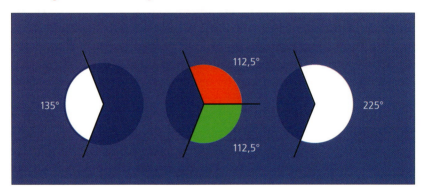

Hecklicht
Abstrahlung 135°

Zwei Seitenlichter
Abstrahlung je 112,5°

Topplicht
Abstrahlung 225°

Sieht man nachts ein weißes und ein grünes Licht, fährt das Fahrzeug von links nach rechts. Sieht man ein weißes und ein rotes Licht, fährt das Fahrzeug von rechts nach links. Solange man eines der Seitenlichter sieht, ist es vom Winkel her nur möglich, das Topplicht zu sehen und nicht etwa das Hecklicht.

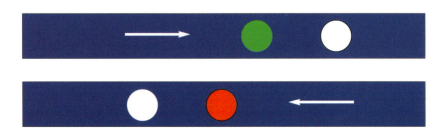

Lichter

Bordlichter

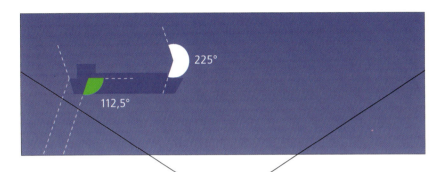

Zu sehen sind das Topplicht (weiß) und das grüne Steuerbordseitenlicht.

Sichtwinkel

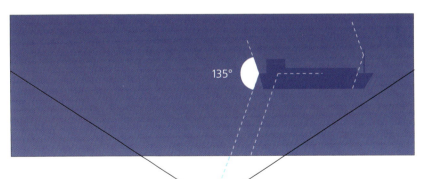

Zu sehen ist das Hecklicht (weiß). Topp- und grünes Steuerbordseitenlicht sind aus dem Sichtwinkel verschwunden.

Sichtwinkel

Das vorbeifahrende Fahrzeug bedeutet für mich keine Gefahr.

Lichter

Bordlichter

Vorsicht!

Hier kommt das Fahrzeug direkt auf uns zu. **Ausweichen nach Steuerbord**, das grüne Stb.-Seitenlicht des anderen Fahrzeugs ist kurz darauf nicht mehr zu sehen. Trotzdem erst mal den Ausweichkurs beibehalten, bis die Gefahr vorbei ist.

Das weiße Topplicht und das rote Bb.-Seitenlicht sind nicht mehr zu sehen. Das weiße Hecklicht taucht auf: **Gefahr vorbei**, das Fahrzeug liegt an Backbord achteraus.

Nur ein weißes Licht bedeutet nicht automatisch „Hecklicht". Es kann auch ein Segelboot unter Segeln (unter 20 m) oder ein Ruderboot mit einem Rundumlicht (Abstrahlung 360°) sein.

Lichter

Bordlichter

Damit es auch wirklich funktioniert

Bordlichter müssen einige Kriterien erfüllen (Abstrahlwinkel und Lichtstärke) und genau auf die Schiffsachse ausgerichtet montiert sein. In Deutschland erteilt das Bundesamt für Seeschifffahrt und Hydrografie (**BSH**) die Zulassung (baumustergeprüft).

Die Bordlichter dienen dazu, von anderen Fahrzeugen gesehen zu werden, nicht, um selbst in der Dunkelheit sehen zu können. Deshalb nennt man sie auch Positionslichter. Starke weiße Topp- und Hecklichter (für die Berufsschifffahrt) können bei guter Sicht aus einer Entfernung von 8 km, grüne und rote Seitenlichter aus 5 km gesehen werden.

Fahren zwei Schiffe – ein schnelles mit 25 km und ein langsames, z. B. ein Segler mit 5 km – aufeinander zu, ergibt das eine Annäherungsgeschwindigkeit von 30 km. Im Idealfall kann der Segler die Positionslichter bereits aus 5 km Entfernung sehen und entsprechend reagieren. Dazu bleiben ihm 10 Minuten Zeit. Das schnelle Schiff sieht die (schwächeren) Positionslichter des Seglers wesentlich später – im Idealfall strahlen die farbigen Positionslichter bei gewöhnlicher Lichtstärke 2,8 km weit, das sind dann noch rund fünfeinhalb Minuten bis zur Begegnung. In fünfeinhalb Minuten legt der Segler mit seiner Geschwindigkeit von 5 km aber weniger als 500 m zurück, nicht gerade viel für ein Ausweichmanöver.

Distanzen auf dem Wasser lassen sich – ganz speziell nachts – nur sehr schwer abschätzen.

Bordlichter

360° – 135° ...

Sich die Gradzahlen des Abstrahlwinkels der einzelnen Positionslichter zu merken, erscheint auf den ersten Blick schwierig, ist es aber nicht. Merken Sie sich 135 (eins drei fünf). Das ist der Winkel des Hecklichts. Ziehen Sie die 135° vom Vollkreis 360° ab, Sie erhalten das Topplicht 225°. Die beiden Seitenlichter zusammen haben den gleichen Winkel wie das Topplicht, ein einzelnes also die Hälfte: 112,5°.

  225° : 2 = 112,5°

Von Sonnenuntergang bis Sonnenaufgang

Vorgeschrieben ist das Einschalten der Positionslichter in jedem Fall vom Sonnenuntergang bis zum Sonnenaufgang sowie bei „unsichtigem Wetter". Darunter fällt alles, was die Sicht beeinträchtigen kann, wie Dunst, Nebel, starker Regen, Hagel oder Schneefall.

Kleinfahrzeuge

Abweichend von den Bestimmungen für die gewerbliche Schifffahrt, dürfen Kleinfahrzeuge unter 20 m auch Zwei- oder Dreifarbenlichter benutzen. In einem Zweifarbenlicht (am Bug) werden die Seitenlichter, in einem Dreifarbenlicht (im Topp) Seiten- und Hecklicht in einem Positionslicht zusammengefasst.

Prüfungsfrage 37
Welchen Sichtwinkel und welche Farbe haben die einzelnen Bordlichter?

● ●
- Topplicht: weiß 225°
- Seitenlichter: Backbord rot 112° 30'
- Steuerbord grün 112° 30'
- Hecklicht: weiß 135°

Prüfungsfrage 38
Wann müssen die vorgeschriebenen Lichter von Fahrzeugen geführt werden?

●
Bei Nacht und bei unsichtigem Wetter.

Prüfungsfrage 39
Welche Bordlichter dürfen auf Sportbooten verwendet werden?

●
Nur solche Lichter, deren Baumuster vom BSH zur Verwendung auf Binnen- oder Seeschifffahrtsstraßen zugelassen sind.

Prüfungsfrage 40
Welchen Anforderungen müssen die Bordlichter entsprechen?

●
Sie müssen die Baumusterprüfung des BSH haben.

Kleinfahrzeuge ohne Maschinenantrieb

Ruderboot
Ein weißes Licht,
von allen Seiten sichtbar.
Beiboote zeigen ein weißes Licht
bei Annäherung eines Fahrzeugs.

Segelboote unter Segel — Lichter

Möglichkeit 1: Ein weißes Licht, von alllen Seiten sichtbar. Bei Annäherung eines Fahrzeugs ein zweites Licht zeigen.

Möglichkeit 2: Eine Zweifarbenlaterne rot/grün am oder nahe am Bug und ein weißes Hecklicht.

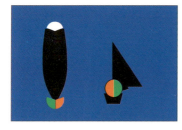 

Möglichkeit 3: Eine Dreifarbenlaterne rot/grün/weiß im Topp.

Lichter

Motorboote

Möglichkeit 1: Topplicht (vorderes Licht) weiß, auf gleicher Höhe wie die rot/grünen Seitenlichter, aber mindestens 1 m davor, Hecklicht weiß.

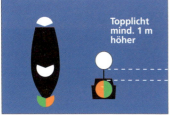

Möglichkeit 2: Eine Zweifarbenlaterne rot/grün am oder nahe am Bug, ein weißes Hecklicht und das Topplicht weiß mindestens 1 m höher.

Möglichkeit 3: Eine Zweifarbenlaterne rot/grün am oder nahe am Bug und ein weißes Rundumlicht.

Gewerbliche Schifffahrt Lichter

Fahrzeug mit Maschinenantrieb bis 110 m
Topplicht weiß, mindestens 1 m höher als die Seitenlichter. Seitenlichter rot/grün (mindestens 1 m niedriger als das Topplicht), Hecklicht weiß.

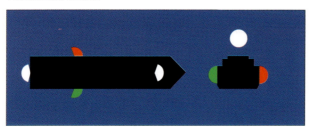

Fahrzeug mit Maschinenantrieb über 110 m
Zwei Topplichter weiß, das vordere mindestens 1 m höher als die Seitenlichter, das zweite achterlichere höher als das erste Topplicht. Seitenlichter rot/grün (mindestens 1 m niedriger als das erste Topplicht), Hecklicht weiß.

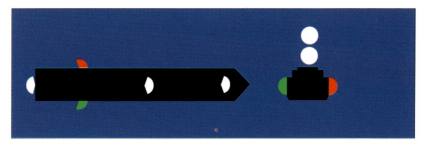

Lichter — Gewerbliche Schifffahrt

Schleppverband

Erstes Fahrzeug (Schlepper): Zwei weiße Topplichter übereinander.
Seitenlichter rot/grün und gelbes Hecklicht.
Alle geschleppten Fahrzeuge: Weißes Rundumlicht.
Letztes geschlepptes Fahrzeug: Zusätzlich weißes Hecklicht.

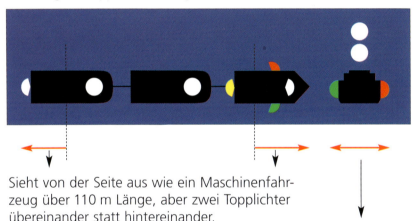

Sieht von der Seite aus wie ein Maschinenfahrzeug über 110 m Länge, aber zwei Topplichter übereinander statt hintereinander.

Sieht aus wie ein Maschinenfahrzeug über 110 m Länge.

Tagbezeichnung

Alle geschleppten Fahrzeuge: gelber Ball.

Erstes Fahrzeug (Schlepper): gelber Zylinder.

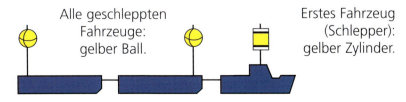

Gewerbliche Schifffahrt — Lichter

Schubverband (bis 110 m)
Vorderstes Fahrzeug: Drei weiße Topplichter, im Dreieck angeordnet. Schiebendes Fahrzeug (gleiche Breite wie die geschobenen Fahrzeuge): Seitenlichter rot/grün und drei weiße Hecklichter.

Schubverband
(Päckchen – breiter als das schiebende Fahrzeug)
Vorderste Fahrzeuge: Drei weiße Topplichter im Dreieck angeordnet, auf jedem weiteren ein weißes Topplicht, tiefer angeordnet.
Hinterste geschobene Fahrzeuge: Seitenlichter rot/grün und je ein weißes Hecklicht.
Schiebendes Fahrzeug: Drei weiße Hecklichter.

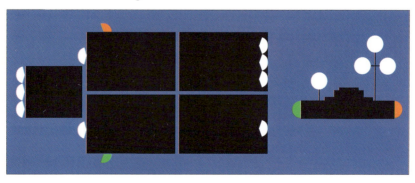

Fähren

Frei fahrende Fähre

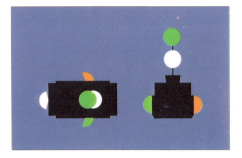

Topplichter:
Grünes Rundumlicht
1 m über weißem
Rundumlicht.

Seitenlichter rot/grün und
weißes Hecklicht.

Nicht frei fahrende Fähre

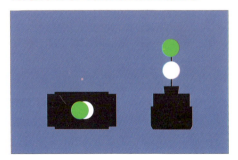

Topplichter:
Grünes Rundumlicht
1 m über weißem
Rundumlicht.

Weder Seitenlichter noch
Hecklicht.

Nicht frei fahrende Fähren sind in ihrer Manövrierfähigkeit eingeschränkt. Die Verpflichtung der Fähren, das Fahrwasser nur dann zu überqueren, wenn dies ohne Beeinträchtigung des übrigen Verkehrs möglich ist, besteht nicht gegenüber Kleinfahrzeugen.

Fähren am Hoch- und Längsseil legen sich schräg zur Strömung und gelangen so zum anderen Ufer. Fähren am Grundseil ziehen sich auf die andere Seite.

Prüfungsfrage 52
Welche Lichter müssen motorisierte Kleinfahrzeuge führen und wie müssen diese Lichter angebracht sein? Tragen Sie die drei Möglichkeiten unter Angabe der Farben und Sichtwinkel ein.

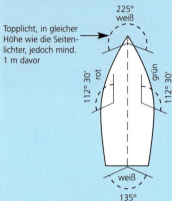
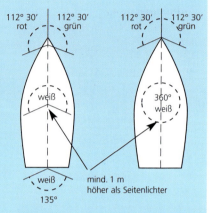

Prüfungsfrage 53
Welche drei Möglichkeiten der Lichterführung gibt es auf Binnenschifffahrtsstraßen für Kleinfahrzeuge unter Segel?

●●●
1. Ein weißes, von allen Seiten sichtbares Licht. Bei Annäherung an andere Fahrzeuge ist ein zweites Licht zu zeigen, oder
2. Seitenlichter am oder nahe am Bug und Hecklicht, oder
3. Dreifarbenlampe im Topp.

Prüfungsfrage 54
Weiche Lichter müssen Kleinfahrzeuge ohne Maschinenantrieb mindestens führen?

●
Ein weißes, von allen Seiten sichtbares Licht.

Prüfungsfrage 41
Sie sehen nebenstehende Lichter. Welches Fahrzeug erkennen Sie?

●●
Fahrzeug mit Maschinenantrieb in Fahrt von vorn.

Prüfungsfrage 42
Sie sehen nebenstehende Lichter. Welches Fahrzeug erkennen Sie?

●●
Steuerbordseite eines Fahrzeugs mit Maschinenantrieb in Fahrt.

Prüfungsfrage 43
Sie sehen nebenstehende Lichter. Welches Fahrzeug erkennen Sie?

●
1. Einzeln fahrendes Fahrzeug mit Maschinenantrieb über 110 m Länge von vorn.
2. Erstes Fahrzeug eines Schleppverbandes (Schlepper) von vorn.

Prüfungsfrage 44
Woran erkennen Sie Anfang und Ende eines Schleppverbandes:
1. bei Tag?
2. bei Nacht?

●●●
1. Bei Tag erstes Fahrzeug einen gelben Zylinder, letztes Fahrzeug einen gelben Ball.
2. Bei Nacht erstes Fahrzeug zwei weiße Topplichter übereinander und gelbes Hecklicht, letztes Fahrzeug ein weißes Rundumlicht und ein weißes Hecklicht.

Prüfungsfrage 45
Was bedeuten nebenstehende Tagsignale?

●●
1. Erstes Fahrzeug eines Schleppverbandes.
2. Fahrzeuge, die geschleppt werden.

Prüfungsfrage 46
Welche Lichter führt ein Schubverband?

●●●
Drei weiße Topplichter in einem Dreieck angebracht, die Seitenlichter (Backbord rot/Steuerbord grün), drei weiße Hecklichter waagerecht nebeneinander.

Prüfungsfrage 47
Sie sehen nebenstehende Lichter. Welches Fahrzeug erkennen Sie?

●●
Schubverband in Fahrt von vorn.

Prüfungsfrage 48
Sie sehen vor sich nebenstehende Lichter. Welches Fahrzeug erkennen Sie?

●
Vorausfahrender Schubverband.

Prüfungsfrage 49
Sie sehen vor sich nebenstehende Lichter. Welches Fahrzeug erkennen Sie?

●●
Vorausfahrender Schubverband, der geschleppt wird.

Prüfungsfrage 174
Nachts kommt Ihnen ein Fahrzeug entgegen, das nur ein weißes Licht führt. Was ist das für ein Fahrzeug?

●
Kleinfahrzeug ohne Maschinenantrieb.

Prüfungsfrage 504
Sie segeln nachts auf einer Binnenschifffahrtsstraße und führen ein weißes Rundumlicht im Topp. Wie benutzen Sie zweckmäßigerweise die weiße Handlampe, die Sie bei Annäherung anderer Fahrzeuge zeigen müssen?

●
Die eigenen Segel anleuchten.

Prüfungsfrage 514 (1. Teil)
Sie kreuzen nachts unter Segel das Fahrwasser. An Backbord sehen Sie die Lichter eines Fahrzeugs. Um welches Fahrzeug handelt es sich?

()
Kleinfahrzeug mit Maschinenantrieb.

Gefährliche Güter

Entzündbare Stoffe
Topplicht weiß, Seitenlichter rot/grün, Hecklicht weiß.

**Ein Rundum-
licht blau**

Gesundheitsschädliche Stoffe
Topplicht weiß, Seitenlichter rot/grün, Hecklicht weiß.

**Zwei Rund-
umlichter
blau**

Explosive Stoffe
Topplicht weiß, Seitenlichter rot/grün, Hecklicht weiß.

**Drei Rund-
umlichter
blau**

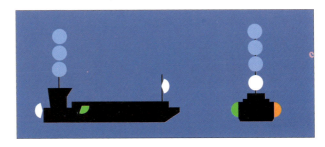

Lichter

Gefährliche Güter

 Tagbezeichnung

Fahrzeugen mit zwei oder drei blauen Kegeln oder blauen Rundumlichtern darf man sich höchstens bis auf 50 m nähern, außer beim Überholen, Begegnen oder Vorbeifahren.

Entzündbare Stoffe

**Ein blauer Kegel
Spitze nach unten**

10 m Abstand beim Stillliegen.

Gesundheitsschädliche Stoffe

**Zwei blaue Kegel
Spitze nach unten**

50 m Abstand beim Stillliegen.

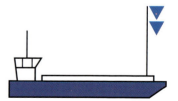

Explosive Stoffe

**Drei blaue Kegel
Spitze nach unten**

100 m Abstand beim Stillliegen.

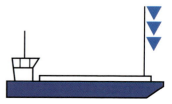

Blaues Funkellicht/Taucher

Fahrzeuge der Überwachungsbehörden, Feuerlöschboote, Wasserrettungsfahrzeuge, Zoll und Bundesgrenzschutz im Einsatz
Topplicht weiß, Seitenlichter rot/grün, Hecklicht weiß.

Ein blaues Funkellicht

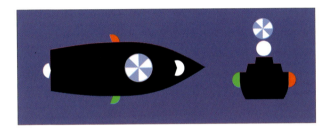

Den Fahrzeugen mit blauem Funkellicht ist der Raum für ihren Kurs und ihre Manöver unbedingt freizuhalten.

Taucher im Einsatz
Tafel, nachts angestrahlt.

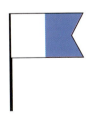 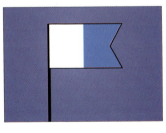

Bereich weiträumig umfahren. Besondere Vorsicht walten lassen.

Prüfungsfrage 65
Sie sehen auf einem Fahrzeug ein blaues Funkellicht. Um welches Fahrzeug handelt es sich?

● Fahrzeug der Überwachungsbehörden, Feuerlöschboote oder Wasserrettungsfahrzeug im Einsatz.

Prüfungsfrage 66
Sie sehen auf einem Fahrzeug ein blaues Licht. Welche Bedeutung hat dieses Licht?

● Fahrzeug hat entzündbare Stoffe geladen. Mindestabstand beim Stillliegen 10 m.

Prüfungsfrage 67
Welche Bedeutung hat nebenstehendes Zeichen?

● Fahrzeug hat entzündbare Stoffe geladen. Mindestabstand beim Stillliegen 10 m.

Prüfungsfrage 68
Sie sehen auf einem Fahrzeug zwei blaue Lichter übereinander. Welche Bedeutung haben diese Lichter?

●●● Fahrzeug hat gesundheitsschädliche Stoffe geladen. Mindestabstand beim Stillliegen 50 m.

Prüfungsfrage 69
Welche Bedeutung haben nebenstehende Zeichen?

● Fahrzeug hat gesundheitsschädliche Stoffe geladen. Mindestabstand beim Stillliegen 50 m.

Prüfungsfrage 70
Sie sehen auf einem Fahrzeug drei blaue Lichter übereinander. Welche Bedeutung haben diese Lichter?

● Fahrzeug hat explosive Stoffe geladen. Mindestabstand beim Stillliegen 100 m.

Prüfungsfrage 71
Welche Bedeutung haben nebenstehende Zeichen?

● Fahrzeug hat explosive Stoffe geladen. Mindestabstand beim Stillliegen 100 m.

Vorsicht

Schwimmende Geräte

Als „schwimmende Geräte bei der Arbeit" bezeichnet man Fahrzeuge, die mit Messungen, Peilungen oder sonstige Arbeiten in den Wasserstraßen beschäftigt sind und dabei stillliegen müssen. Schwimmende Geräte werden genauso gekennzeichnet wie festgefahrene oder gesunkene Fahrzeuge.

Rote Seite gesperrt

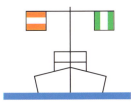  

An der gesperrten Seite eine rot-weiß-rote Tafel.   An der gesperrten Seite ein roter Ball.   Nachts: An der gesperrten Seite ein rotes Rundumlicht.

Freie Durchfahrt an beiden Seiten

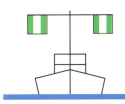 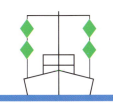 

Durchfahrt frei: Grün-weiß-grün gestreifte Tafeln.   Durchfahrt frei: Grüne Doppelkegel.   Nachts: Durchfahrt frei: Grüne Rundumlichter.

Vorsicht
Schwimmende Geräte

Gegen Sog und Wellenschlag zu schützen

Durchfahrt an einer Seite gesperrt

An der gesperrten Seite eine rote Flagge.

Nachts:
An der gesperrten Seite ein rotes Rundumlicht.

Freie Durchfahrt an beiden Seiten

Rot-weiße Flaggen.

Nachts:
Rote über weißen Rundumlichtern.

Prüfungsfrage 55
Sie sehen voraus im Fahrwasser nebenstehende Lichter. Was bedeuten diese Lichter und wie verhalten Sie sich?

Schwimmendes Gerät bei der Arbeit oder ein festgefahrenes oder gesunkenes Fahrzeug. Vorbeifahrt an jeder Seite gestattet. Sog und Wellenschlag vermeiden.

Prüfungsfrage 56
Sie sehen voraus im Fahrwasser nebenstehende Zeichen. Was bedeuten diese Zeichen, und wie verhalten Sie sich?

Schwimmendes Gerät bei der Arbeit oder ein festgefahrenes oder gesunkenes Fahrzeug. Vorbeifahrt an jeder Seite gestattet. Sog und Wellenschlag vermeiden.

Prüfungsfrage 57
Sie sehen voraus im Fahrwasser nebenstehende Lichter. Was bedeuten diese Lichter und wie verhalten Sie sich?

Schwimmendes Gerät bei der Arbeit oder ein festgefahrenes oder gesunkenes Fahrzeug. Vorbeifahrt nur an der rot-weißen Seite gestattet; rote Seite gesperrt. Sog und Wellenschlag vermeiden.

Prüfungsfrage 58
Sie sehen voraus im Fahrwasser nebenstehende Zeichen. Was bedeuten diese Zeichen und wie verhalten Sie sich?

●●●
Schwimmendes Gerät bei der Arbeit oder ein festgefahrenes oder gesunkenes Fahrzeug. Vorbeifahrt nur an der rot-weißen Seite gestattet; rote Seite gesperrt. Sog und Wellenschlag vermeiden.

Prüfungsfrage 59
Sie sehen voraus im Fahrwasser nebenstehende Lichter. Was bedeuten diese Lichter und wie verhalten Sie sich?

Schwimmendes Gerät bei der Arbeit. Vorbeifahrt nur an den grünen Lichtern gestattet; rote Seite gesperrt.

Prüfungsfrage 60
Sie sehen voraus im Fahrwasser nebenstehende Zeichen. Was bedeuten diese Zeichen und wie verhalten Sie sich?

● ●
Schwimmendes Gerät bei der Arbeit. Vorbeifahrt nur an den grünen Doppelkegeln gestattet; rote Seite gesperrt.

Prüfungsfrage 61
Sie sehen voraus im Fahrwasser nebenstehende Zeichen. Was bedeuten diese Zeichen und wie verhalten Sie sich?

● ●
Schwimmendes Gerät bei der Arbeit. Vorbeifahrt nur an der grün-weiß-grünen Tafel gestattet; rot-weiß-rot gesperrt.

Prüfungsfrage 62
Sie sehen voraus im Fahrwasser nebenstehende Lichter. Was bedeuten diese Lichter und wie verhalten Sie sich?

● ●
Schwimmendes Gerät bei der Arbeit. Vorbeifahrt an jeder Seite gestattet. Möglichst Sog und Wellenschlag vermeiden.

Prüfungsfrage 63
Sie sehen voraus im Fahrwasser nebenstehende Zeichen. Was bedeuten diese Zeichen und wie verhalten Sie sich?

● ●
Schwimmendes Gerät bei der Arbeit. Vorbeifahrt an jeder Seite gestattet. Möglichst Sog und Wellenschlag vermeiden.

Prüfungsfrage 64
Sie sehen voraus im Fahrwasser nebenstehende Zeichen. Was bedeuten diese Zeichen und wie verhalten Sie sich?

● ●
Schwimmendes Gerät bei der Arbeit. Vorbeifahrt an jeder Seite gestattet. Möglichst Sog und Wellenschlag vermeiden.

Wimpel und Kegel

Roter Wimpel

Fahrzeuge mit einem roten Wimpel am Bug haben Vorrang, z. B. beim Schleusen, wo es normalerweise gilt, eine bestimmte Reihenfolge einzuhalten.
Vorrangfahrzeuge können sein: Fahrgastschiffe, die einen Fahrplan einhalten müssen, Baufahrzeuge im Einsatz oder Fahrzeuge des öffentlichen Dienstes.

Schwarzer Kegel

Lässt ein Segler auch unter Segeln den Motor laufen, gilt er als Maschinenfahrzeug und muss sich an die Ausweichregeln für Maschinenfahrzeuge halten. Um anderen Verkehrsteilnehmern das zu signalisieren, setzt er auf dem Vorschiff einen schwarzen Kegel.

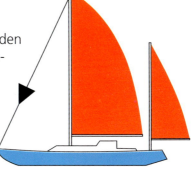

Und nachts

1. Segeln mit Seitenlichtern und Hecklicht

Segel + **Motor**

oder nur **Motor**

Vorsicht
Segeln + Motor nachts

2. Segeln mit Rundumlicht

Segel + **Motor** oder nur **Motor**

+ Seitenlichter

3. Segeln mit Dreifarbenlaterne

Segel + **Motor** oder nur **Motor**

Dreifarbenlaterne aus

Seitenlichtern und Rundumlicht

 oder

Segel + **Motor** oder nur **Motor**

Dreifarbenlaterne aus

Seitenlichtern, Topp- und Hecklicht

Gleiche Lichterführung nicht nur nachts von Sonnenuntergang bis Sonnenaufgang, auch bei Sichtbeeinträchtigungen durch Nebel, Dunst, Schneefall oder ähnliche Umstände („unsichtiges Wetter").

Schleppen

Lichterführung nachts

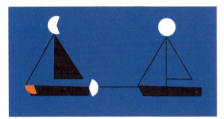

Lichterführung des schleppenden Fahrzeugs wie ein Kleinfahrzeug mit Maschinenantrieb. Geschlepptes Fahrzeug: weißes Rundumlicht.

Gleiche Lichterführung, wenn das geschleppte Fahrzeug längsseits an dem schleppenden Fahrzeug festgemacht wird, das Seitenlicht muss aber sichtbar sein.

Wer geschleppt werden will, übergibt die Schleppleine, die an ausreichend befestigten Beschlägen (notfalls am Mast) befestigt wird. Fender und Bootshaken bereithalten. Darauf achten, dass die Schleppleine nicht in die Schraube kommt und plötzliches, ruckartiges Steifkommen der Leine vermeiden. Bei höherem Wellengang darauf achten, dass sich das schleppende und das geschleppte Fahrzeug gleichzeitig im Wellental oder auf dem Wellenberg befindet. Die Schleppgeschwindigkeit darf die Höchstgeschwindigkeit in der Verdrängerfahrt des kleineren Bootes nicht überschreiten. Längsseits schleppen nur bei ruhigem Wetter und Bootsrumpf durch Fender schützen.

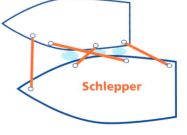

Prüfungsfrage 20
Wann gilt ein Segelfahrzeug als Maschinenfahrzeug?

● Wenn es unter Segel und mit Motor oder nur mit Motor fährt.

Prüfungsfrage 23
Was verstehen Sie
1. unter unsichtigem Wetter?
2. unter Nacht?

●●●
1. Sichtbeeinträchtigungen durch Nebel, Schneefall, heftige Regengüsse oder ähnliche Umstände.
2. Den Zeitraum von Sonnenunter- bis Sonnenaufgang.

Prüfungsfrage 72
Welches Fahrzeug führt am Bug einen roten Wimpel?

● Fahrzeug mit Vorrang z. B. beim Schleusen.

Prüfungsfrage 73
Welche Bedeutung hat der rote Wimpel?

● Fahrzeug mit Vorrang z. B. beim Schleusen.

Prüfungsfrage 74
Sie sehen auf einem Fahrzeug unter Segel einen schwarzen Kegel, Spitze nach unten. Was bedeutet dieses Zeichen?

●● Das Fahrzeug fährt unter Segel und Motor und gilt als Maschinenfahrzeug.

Prüfungsfrage 183
Was ist zu beachten, wenn ein Sportboot geschleppt wird?

●●●
1. Dass die Schleppleine nicht in die Schraube kommt.
2. Plötzliches, ruckartiges Steifkommen der Schleppleine vermeiden.
3. Geschwindigkeit der Rumpfform des geschleppten Bootes anpassen.

Prüfungsfrage 185
Sie wollen geschleppt werden. Welche Ausrüstungsgegenstände halten Sie bereit?

●● Schleppleine, Fender und Bootshaken.

Prüfungsfrage 186
Wo befestigen Sie als Geschleppter die Schlepptrossen?

● Möglichst weit vorne am Bug, nur an ausreichend befestigten Beschlägen.

Prüfungsfrage 503
Sie segeln bei Tag auf einer Binnenschifffahrtsstraße zu Berg. Wegen zunehmender Strömung entschließen Sie sich, den Motor zusätzlich einzusetzen. Was müssen Sie jetzt noch tun?

● Einen schwarzen Kegel, Spitze nach unten, setzen.

Prüfungsfrage 505
Sie segeln nachts auf einer Binnenschifffahrtsstraße und haben Seitenlichter am oder nahe am Bug sowie Hecklicht gesetzt. Was müssen Sie ändern, wenn Sie den Motor anwerfen?

● Topplicht (weiß) setzen.

Prüfungsfrage 506
Sie segeln nachts auf einer Binnenschifffahrtsstraße und führen das Rundumlicht (weiß) im Topp. Welches zusätzliche Licht müssen Sie setzen, wenn Sie den Motor anwerfen?

● Seitenlichter am oder nahe am Bug setzen.

Prüfungsfrage 507
Sie segeln nachts auf einer Binnenschifffahrtsstraße und wollen mit einem Licht auskommen.
1. Welches Licht führen Sie?
2. Wie müssen Sie die Lichterführung ändern, wenn Sie den Motor anlassen?

●●
1. Dreifarbenlaterne (grün/rot/weiß) im Topp.
2. Dreifarbenlaterne ausschalten. Seitenlichter am oder nahe am Bug setzen, dazu Topplicht und Hecklicht (oder weißes Rundumlicht im Topp).

Prüfungsfrage 508
Sie segeln mit einem anderen Boot zusammen. Bei Einbruch der Dunkelheit werfen Sie Ihren Motor an und nehmen das andere Boot in Schlepp.
1. Welche Lichter sind zu führen?
2. Welchen Einfluss auf die Lichterführung hat es, wenn Sie ein Kleinfahrzeug längsseits gekuppelt mitschleppen?

●●●
1. Schleppendes Boot: Lichter eines Kleinfahrzeugs mit Maschinenantrieb. Geschlepptes Boot: Weißes Rundumlicht.
2. Keinen; Sichtbarkeit der Seitenlichter gewährleisten.

Stillieger und Ankerlieger

Nachts muss grundsätzlich jedes Fahrzeug – auch ein Kleinfahrzeug – ein Ankerlicht setzen, ein weißes Rundumlicht, von allen Seiten sichtbar. Liegen Sie nahe dem Fahrwasser, ist das Ankerlicht zur Fahrwasserseite hin zu befestigen. Liegt das Fahrzeug an einer Mole, ist das ein **Stillieger**

Ankerlieger müssen ihren Anker mit einem gelben Döpper mit Radarreflektor kennzeichnen. Gefährdet der Anker

die Schifffahrt, müssen nachts zwei weiße Rundumlichter am Fahrzeug (möglichst nahe der Ankerkette) gesetzt werden.

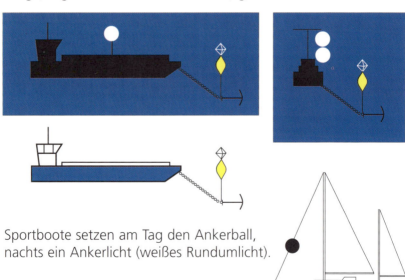

Sportboote setzen am Tag den Ankerball, nachts ein Ankerlicht (weißes Rundumlicht).

Vorsicht
Anlegen und Liegeverbote

Anlegen immer gegen den Strom
Durch die Fließgeschwindigkeit des Wassers bleibt das Ruderblatt immer angeströmt und damit das Schiff auch bei geringer Fahrt noch manövrierfähig. Zudem wirkt der Strom als eine Art Bremse, was das Anlegen erleichtert.

Liegeverbote

- Auf Schifffahrtskanälen und Schleusenkanälen.
- Unter Brücken und Hochspannungsleitungen.
- In Fahrwasserengen und Hafeneinfahrten.
- An Abzweigungen oder Einmündungen von Nebenwasserstraßen.
- In der Fahrlinie von Fähren.
- Im Kurs, den Fahrzeuge beim An- oder Ablegen an Landebrücken benutzen.
- Auf Wendestellen.
- In Wasserski- oder Wassermotorradstrecken.

Steuerbordbegegnungen

Die gewerbliche Schifffahrt verständigt sich auf Binnenwasserstraßen nicht nur über Funk, auch mit blauen Tafeln. Begegnen sich zwei Fahrzeuge Backbord an Backbord, findet normalerweise keine Absprache statt (jeder fährt auf der rechten Seite des Fahrwassers). Will ein Bergfahrer den Talfahrer an seiner Steuerbordseite vorbeilassen, zeigt er das dem Talfahrer mit seiner steuerbordseitigen Tafel an (hellblaue Tafel mit einem weißen Funkellicht, sichtbar von vorne und von hinten). Der Talfahrer bestätigt die Mitteilung des Bergfahrers und setzt ebenfalls seine steuerbordseitige Tafel.

Es besteht keine Verpflichtung der gewerblichen Schifffahrt, diese Zeichen gegenüber Kleinfahrzeugen zu geben, da Kleinfahrzeuge gegenüber der gewerblichen Schifffahrt ohnehin ausweichpflichtig sind. Ein vorausfahrendes Fahrzeug mit Begegnungszeichen sollte niemals auf der Seite der hellblauen Tafel überholt werden. Ist ein Überholen auf der anderen Seite nicht möglich, erst die Begegnung des entgegenkommenden Berufsschiffs abwarten.

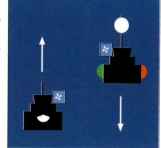

Vorsicht
Queren und Auslaufen aus Häfen

Auslaufen
Auslaufende Schiffe haben gegenüber einlaufenden Schiffen Vorrang, wenn dies nicht durch Zeichen anders geregelt ist. Gelbes Funkellicht an Hafenausfahrten bedeutet, dass Fahrzeuge auslaufen. Schiffe im Hauptfahrwasser müssen dann notfalls Kurs und Geschwindigkeit ändern.

Queren von Fahrwassern
Besondere Vorsicht ist beim Queren von Fahrwassern geboten, da man gleichzeitig auf Berg- und Talfahrer achten und zudem die Strömung mitberücksichtigen muss. Queren ist nur möglich, wenn dadurch andere Fahrzeuge ihren Kurs und ihre Geschwindigkeit nicht ändern müssen. Die gewerbliche Schifffahrt gibt ausweichpflichtigen Kleinfahrzeugen kaum Schallzeichen. Trotzdem kann ein Kleinfahrzeug das Queren mit drei langen Tönen ankündigen.

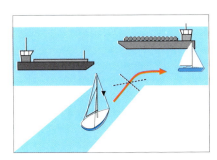
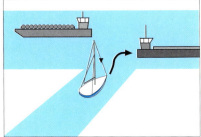

Prüfungsfrage 75
Ein Fahrzeug zeigt an der Steuerbordseite seines Ruderhauses eine blaue Tafel mit weißem Funkellicht. Welche Bedeutung hat dieses Zeichen?

●●
Fahrzeuge begegnen sich an Steuerbord. Dieses Zeichen gilt nicht für Kleinfahrzeuge, verpflichtet aber zu erhöhter Aufmerksamkeit.

Prüfungsfrage 76
Auf einem entgegenkommenden Fahrzeug sehen Sie über oder nahe dem grünen Seitenlicht ein weißes Funkellicht. Welche Bedeutung hat dieses Licht?

●●
Fahrzeuge begegnen sich an Steuerbord. Dieses Zeichen gilt nicht für Kleinfahrzeuge, verpflichtet aber zu erhöhter Aufmerksamkeit.

Prüfungsfrage 77
Sie fahren nachts hinter einem Fahrzeug der gewerblichen Schifffahrt zu Tal, das plötzlich an Steuerbord ein weißes Funkellicht zeigt.
1. Was bedeutet dieses Licht?
2. Wie verhalten Sie sich?

●●●
1. Begegnung mit einem Bergfahrer Steuerbord an Steuerbord.
2. Hinter dem Talfahrer bleiben, nicht überholen.

Prüfungsfrage 78
Sie fahren hinter einem Fahrzeug der gewerblichen Schifffahrt in den Schleusenvorhafen ein. Aus der Schleusenkammer kommt ein Schiff, das an Steuerbord eine blaue Tafel mit einem weißen Funkellicht zeigt. Was bedeutet dieses Zeichen?

●●●
Das aus- und das einfahrende Fahrzeug passieren sich an der Steuerbordseite.

Prüfungsfrage 79
Welches Licht setzt ein vor Anker liegendes Fahrzeug?

●
Ein weißes, von allen Seiten sichtbares Licht auf der Fahrwasserseite.

Prüfungsfrage 80
Sie sehen auf einem stillliegenden Fahrzeug zwei weiße Lichter übereinander. Welche Bedeutung haben diese Lichter?

●
Ein Ankerlieger, dessen Anker die Schifffahrt gefährden kann.

Prüfungsfrage 81
Sie sehen nachts auf der Wasserstraße ein weißes Licht. Um was handelt es sich?

●●●
1. Um ein stillliegendes Fahrzeug.
2. Um ein schwimmendes Gerät, dessen Anker die Schifffahrt gefährden kann.
3. Um das Hecklicht eines Vorausfahrenden.
4. Ruder- oder Segelboot, geschlepptes oder gekuppeltes Kleinfahrzeug.

Prüfungsfrage 82
Wie sind Anker am Tage bezeichnet, die die Schifffahrt behindern können?

●
Mit einem gelben Döpper.

Prüfungsfrage 181
Warum soll man möglichst gegen Strom und Wind anlegen?

●
Weil das Fahrzeug sicherer zu manövrieren ist.

Prüfungsfrage 182
Nennen Sie mindestens sechs Stellen oder Strecken, wo auch ohne besondere Bezeichnung ein allgemeines Liegeverbot besteht.

●●●
1. Auf Schifffahrtskanälen und Schleusenkanälen.
2. Unter Brücken und Hochspannungsleitungen.
3. In Fahrwasserengen und Hafeneinfahrten.
4. An Abzweigungen oder Einmündungen von Nebenwasserstraßen.
5. In der Fahrlinie von Fähren.
6. Im Kurs, den Fahrzeuge beim An- oder Ablegen an Landebrücken benutzen.
7. Auf Wendestellen.
8. In Wasserski- oder Wassermotorradstrecken.

Prüfungsfrage 187
Was ist beim Auslaufen aus einem Hafen zu beachten?

●●
Andere Fahrzeuge im Fahrwasser, Schallzeichen und die Strömung.

Prüfungsfrage 188
Wie queren Sie mit Ihrem Boot einen Fluss?

●●
Strömung berücksichtigen. Den Kurs anderer Fahrzeuge nicht behindern.

Sog und Wellenschlag

Je höher die Geschwindigkeit, umso größer die Welle und die Sogwirkung, die das Fahrzeug verursacht. Besonders stillliegende Fahrzeuge bekommen das unangenehm zu spüren. Rücksichtnahme gegenüber Badenden ist eine Selbstverständlichkeit. Durch rechtzeitiges Verringern der Geschwindigkeit lässt sich das ja auch problemlos erreichen. Ganz speziell Segler sind jedem Motorbootfahrer dankbar, wenn das Motorboot genügend Abstand hält oder die Fahrt vor der Begegnung verringert. Gerät man als Segler trotzdem in größere Heckwellen, dreht man den Bug in die Welle, um den unangenehmen, seitlich einfallenden Wellen zu entgehen und ein Schlagen des Baums (schlägt auf die Luvseite) zu verhindern.

Als Sportboot hält man einen größtmöglichen Passierabstand zur gewerblichen Schifffahrt und fährt auch nicht dicht an sie heran. Von der Brücke eines großen Schiffs aus ist es nicht möglich, den ganzen Bereich rund um das Schiff einzusehen. Weder die Sogwirkung noch die Gefahr einer Kenterung in einer Bug- oder Heckwelle darf man unterschätzen. Wichtig ist auch für die anderen Schiffe, klaren Kurs zu zeigen und auf Kursänderungen und Manöver bis nach der Begegnung zu verzichten.

Auch ohne speziellen Hinweis ist Sog und Wellenschlag durch Verringern der Geschwindigkeit zu vermeiden: an Badestellen, im gesamten Schleusenbereich, an Liegestellen, an Fährstellen, an Lade- und Löschplätzen, vor Hafenmündungen und in Häfen sowie auf den durch Tafeln gekennzeichneten Strecken.

Grundberührungen im Fahrwasser

Alle Grundberührungen im Fahrwasser sind meldepflichtig, damit das Hindernis beseitigt oder zumindest gekennzeichnet werden kann. Meldung sollte unverzüglich an die Wasserschutzpolizei oder die Wasser- und Schifffahrtsverwaltung erfolgen.

Prüfungsfrage 163
Sie haben mit Ihrem Fahrzeug innerhalb des Fahrwassers Grundberührung. Welche Maßnahmen treffen Sie?

● ●
Wasserschutzpolizei oder Wasser- und Schifffahrtsverwaltung benachrichtigen.

Prüfungsfrage 164
Warum ist eine Grundberührung im Fahrwasser meldepflichtig?

●
Damit das Hindernis beseitigt bzw. gekennzeichnet wird.

Prüfungsfrage 165
Nennen Sie Bereiche, in denen die Geschwindigkeit zu vermindern ist, um Sog und Wellenschlag zu vermeiden.

● ● ●
1. Vor Hafenmündungen und in Häfen. 2. An Lade- und Löschplätzen. 3. An den üblichen Liegestellen. 4. An Fährstellen. 5. Auf gekennzeichneten Strecken. 6. Im Schleusenbereich. 7. An Badestellen.

Prüfungsfrage 166
Warum soll ein Sportboot nicht dicht an ein großes, fahrendes Fahrzeug heranfahren?

● ● ●
Es kann durch dessen Sog mit dem Fahrzeug kollidieren, durch dessen Bug- bzw. Heckwelle kentern oder in dessen toten Winkel geraten.

Prüfungsfrage 167
Wie verhalten Sie sich beim Begegnen mit anderen Fahrzeugen in einem engen Fahrwasser?

● ●
Klaren Kurs zeigen, größtmöglichen Passierabstand einhalten, nötigenfalls Fahrt vermindern.

Unterwegs

Anlegen und Ankern
Längsseits festmachen

Korrekt an der Pier festgemacht: mit **1** Vorleine, **2** vordere Spring, **3** achtere Spring und **4** Achterleine. Den Rumpf ausreichend mit Fendern gegen Beschädigungen schützen.

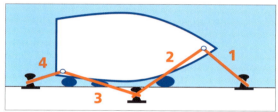

Festmachen bei Wellengang mit Vor- und Achterspring.

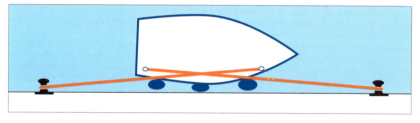

Festmachen in der Box mit vier Leinen, leeseitige Vor- und Achterleine und luvseitige Vor- und Achterleine. Fender zum Schutz (ein- und auslaufende Nachbarboote).

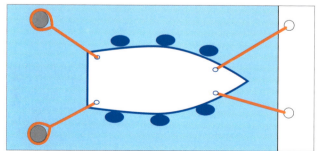

Unterwegs — Ankern

Ein Anker gräbt sich durch den Zug der Kette in den Grund ein, je nach Bauart mit einem oder zwei Flunken. Durch das Gewicht der Ankerkette bleibt der Ankerschaft am Boden, parallel zur Zugrichtung der Kette oder Leine. Benutzt man eine Ankerleine (kein schwimmfähiges Material), sollte der Anker trotzdem einige Meter Kettenvorlauf haben. Die Länge der Ankerleine muss mindestens das Fünffache der Wassertiefe betragen.

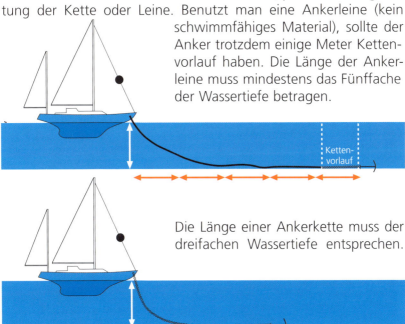

Die Länge einer Ankerkette muss der dreifachen Wassertiefe entsprechen.

Wassertiefen misst man mit dem Echolot, mit einer Peilstange oder einem Handlot. In Kanälen ist das Ankern verboten, um den Schiffsverkehr nicht zu behindern und das Kanalbett nicht zu beschädigen.

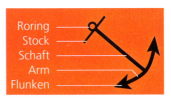

Ankern Unterwegs

Ankerplatz

Einen Ankerplatz sucht man sich aus. Um gefahrlos ankern zu können, fährt man erst einmal den Bereich ab, wohin der Wind das Schiff nach dem Fallenlassen des Ankers treibt (Schwojkreis). Stimmt überall die Wassertiefe, fährt man zum ausgesuchten Punkt, lässt den Anker fallen und sich vom Wind abtreiben, bis genügend Kette (mindestens 3 x die Wassertiefe) oder Leine (mindestens die fünffache Wassertiefe) ausgebracht sind. Mit einem kurzen Schub rückwärts kann man kontrollieren, ob sich der Anker eingegraben hat und auch tatsächlich hält. Andere Kontrollmöglichkeiten sind regelmäßige Kreuzpeilungen (die sich nicht verändern dürfen) oder das Anfassen der Ankerkette/Ankerleine (ein Rutschen des Ankers verursacht Vibrationen). Dreht der Wind in die Gegenrichtung, verlässt man den Platz, da der Anker ausbrechen könnte.

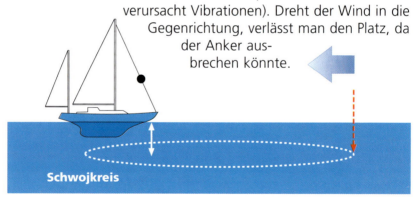

Bei einer **Kreuzpeilung** sucht man sich zwei markante Punkte und überprüft die Peilung regelmäßig mit dem Kompass, wobei der Winkel zwischen den Punkten mehr als 100° betragen sollte.

Prüfungsfrage 33
Warum ist in den Kanälen das Ankern verboten?

●●
Um eine Beschädigung des Kanalbetts zu vermeiden und um den Schiffsverkehr nicht zu behindern.

Prüfungsfrage 230
Wozu dient der Fender?

●
Zum Schutz des Bootskörpers.

Prüfungsfrage 231
Zeichnen Sie die Leinen ein, mit denen dieses Sportboot korrekt an der Pier festmacht. Benennen Sie diese fortlaufend vom Bug zum Heck.

●●●
1. Vorleine.
2. Vordere Spring.
3. Achtere Spring.
4. Achterleine.

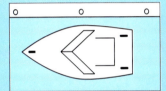
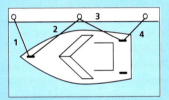

Prüfungsfrage 232
Womit kann die Wassertiefe bestimmt werden?

●
Durch Handlot, Echolot oder Peilstange.

Prüfungsfrage 233
Wie viel Ankerleine muss zum sicheren Liegen ausgesteckt werden?

●
Mindestens das Fünffache der Wassertiefe.

Prüfungsfrage 234
Wie viel Ankerkette muss zum sicheren Liegen ausgesteckt werden?

●
Mindestens das Dreifache der Wassertiefe.

Prüfungsfrage 235
Wie stellen Sie fest, ob Ihr Anker hält?

●●
Durch Peilen von Landmarken, Anfassen der Ankerkette oder Leine. Wenn diese vibriert oder ruckt, hat der Anker nicht gefasst.

Überholen und überholt werden

135°

Nähert sich ein Fahrzeug einem Vorausfahrenden in dessen Hecklichtbereich von 135°, gilt er als Überholer und ist grundsätzlich ausweichpflichtig. Zudem ist Überholen nur gestattet, wenn für das gesamte Überholmanöver genügend Raum für den übrigen Verkehr besteht, also auch für den Gegenverkehr.

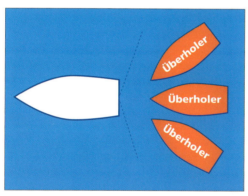

Wird ein Kleinfahrzeug von einem größeren überholt, ist Vorsicht geboten. Gefahren entstehen durch Stau, Sog und Schwell (Ausläufer von Bug- und Heckwelle).

Das Schiff kann aus dem Ruder laufen, quer schlagen oder kentern oder so stark krängen, dass die Gefahr des Überbordfallens besteht. Als Kleinfahrzeug – im Interesse der eigenen Sicherheit – zur Seite ausweichen und genügend seitlichen Abstand zu größeren Schiffen halten.

Das Überholverbot (links) und das Überhol- und Begegnungsverbot gilt nicht für Kleinfahrzeuge, bedeutet aber erhöhte Aufmerksamkeit.

Ein Segler überholt andere Segler immer in Luv.

Ausweichregeln Berufsschifffahrt/Kleinfahrzeuge

Berufsschifffahrt vor Sportbooten unter 20 m
Oder anders ausgedrückt: Kleinfahrzeuge (Sportboote unter 20 m Länge) müssen Schiffen der gewerblichen Schifffahrt ausweichen.

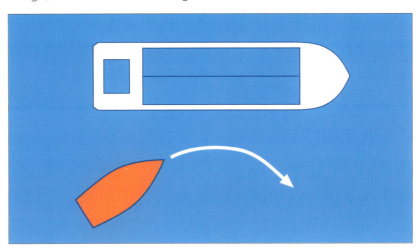

Ausweichmanöver
Rechtzeitig, klar erkennbar und entschlossen!

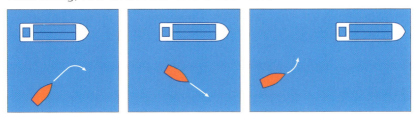

Sportfahrzeuge über 20 m Länge gelten nicht mehr als Kleinfahrzeuge und sind diesen gegenüber nicht ausweichpflichtig.

Ausweichregeln für motorisierte Kleinfahrzeuge

Motorboote untereinander

Kleinfahrzeuge mit Maschinenantrieb:
Beide Fahrzeuge weichen **nach Steuerbord** aus.

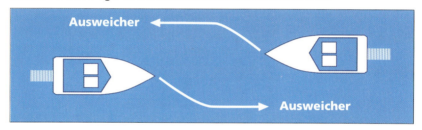

Ausweichpflichtig ist das Fahrzeug, welches das andere Fahrzeug an seiner Steuerbordseite sieht (**rechts vor links**).

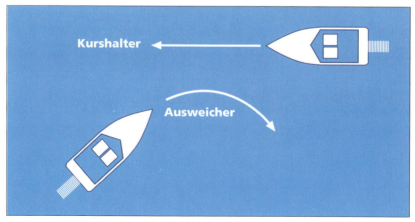

Ausweichregeln für motorisierte Kleinfahrzeuge/Segler

Motorboot und Segler
Motorisierte Kleinfahrzeuge (auch Segler unter Motor) sind Seglern (unter Segel) gegenüber **ausweichpflichtig**

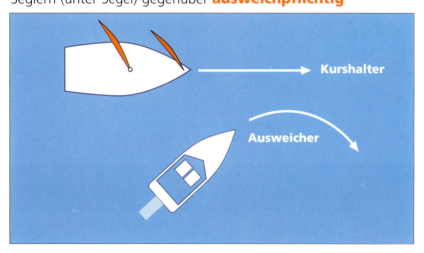

Ausnahme
Ein Segler am Wind darf beim Kreuzen andere Fahrzeuge nicht zum Ausweichen zwingen, die das Ufer auf ihrer Steuerbordseite haben.

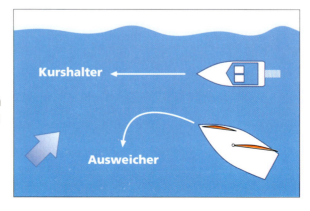

Ausweichregeln für Segler

Lee vor Luv
Das Leeboot behält seinen Kurs bei, das Luvboot weicht aus.

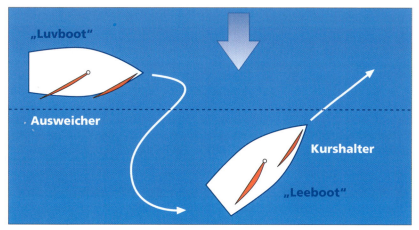

Backbordbug vor Steuerbordbug
Das Boot mit dem Baum auf der Backbordseite behält seinen Kurs bei, das Boot mit dem Baum auf der Steuerbordseite weicht aus.

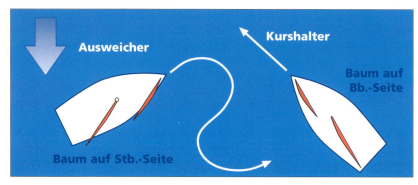

Ausweichregeln für Kleinfahrzeuge ohne Motor/Segler

Ruderboot/Tretboot/Kajak ... und Segler

Kleinfahrzeuge ohne Motor sind Seglern gegenüber ausweichpflichtig, doch muss man davon ausgehen, dass ein Tretbootfahrer meistens die Ausweichregeln nicht kennt.

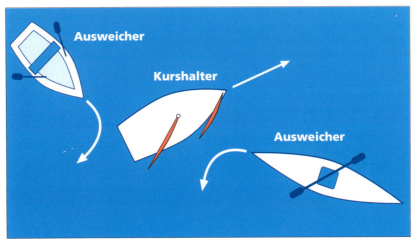

Definitionen:
- Auf Binnenschifffahrtsstraßen gelten Fahrzeuge mit weniger als 20 m Länge als Kleinfahrzeug.
- Sportboote mit mehr als 20 m Länge gelten auf Binnenschifffahrtsstraßen nicht mehr als Kleinfahrzeuge (sind Kleinfahrzeugen gegenüber nicht ausweichpflichtig, diesbezüglich der gewerblichen Schifffahrt gleichgestellt).
- Wenn ein Fahrzeug weder festgemacht noch vor Anker liegt noch festgefahren ist, befindet es sich „in Fahrt".

Prüfungsfrage 168
Welche Gefahren können entstehen, wenn Sie von einem größeren Fahrzeug überholt werden?

●●●
Durch den Stau, Sog oder Schwell kann das Fahrzeug aus dem Ruder laufen, quer schlagen oder kentern. Gefahr des Überbordfallens durch Krängung.

Prüfungsfrage 169
Wie ist ein Überholmanöver durchzuführen?

●●●
Zügig und ohne die beteiligten Fahrzeuge zu behindern, Verkehrslage und eventuelle Schallzeichen beachten, ausreichenden Abstand halten.

Prüfungsfrage 170
Wann dürfen Sie überholen und was müssen Sie dabei beachten?

●●●
Das Überholen ist nur gestattet, wenn hinreichender Raum hierfür vorhanden ist und es ohne Gefahr ausgeführt werden kann. Genügend Abstand halten, schädlichen Sog und Wellenschlag vermeiden. Der Überholer ist grundsätzlich ausweichpflichtig.

Prüfungsfrage 171
Wann besteht die Gefahr eines Zusammenstoßes?

●●
Wenn sich zwei Fahrzeuge einander nähern und sich die Peilung der beiden Schiffe zueinander nicht ändert.

Prüfungsfrage 172
Wie weichen zwei Motorboote aus, die sich auf entgegengesetzten Kursen nähern?

●
Jeder muss nach Steuerbord ausweichen.

Prüfungsfrage 173
Zwei Motorboote nähern sich auf kreuzenden Kursen. Es besteht die Gefahr eines Zusammenstoßes. Welches Motorboot ist ausweichpflichtig?

●●
Ausweichpflichtig ist das Fahrzeug, welches das andere an seiner Steuerbordseite sieht.

Prüfungsfrage 175
Wie müssen Ausweichmanöver durchgeführt werden?

●
Rechtzeitig, klar erkennbar und entschlossen.

Prüfungsfrage 176
Wie muss sich ein kreuzendes Kleinfahrzeug unter Segel am Wind in der Nähe eines Ufers gegenüber anderen verhalten?

●●
Es darf ein anderes Kleinfahrzeug, das sein steuerbordseitiges Ufer anhält, nicht zum Ausweichen zwingen.

Prüfungsfrage 177
Wie beurteilen Sie unten stehende Ausweichsituation? Begründung.

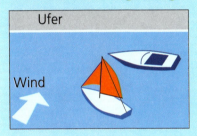

●●
Das Segelboot ist ausweichpflichtig. Ein Fahrzeug unter Segel am Wind darf beim Kreuzen andere Fahrzeuge, die ihr steuerbordseitiges Ufer anhalten, nicht zum Ausweichen zwingen.

Prüfungsfrage 178
Wie verhalten Sie sich als Führer eines Kleinfahrzeugs beim Begegnen mit:
1. **Fahrzeugen der gewerblichen Schifffahrt?**
2. **Fahrzeugen, die das blaue Funkellicht zeigen?**

●
1. Kleinfahrzeuge sind gegenüber der gewerblichen Schifffahrt ausweichpflichtig. Sie müssen den für deren Kurs und zum Manövrieren notwendigen Raum lassen.
2. Ausweichen.

Prüfungsfrage 509
Sie segeln auf einer Binnenschifffahrtsstraße und liegen auf Kollisionskurs mit einer Motoryacht, die länger als 20 m ist.
1. **Zu welcher Fahrzeuggruppe gehört diese Yacht nach der Binnenschifffahrtsstraßenordnung?**
2. **Wer ist ausweichpflichtig?**

●●
1. Unter Fahrzeuge mit Maschinenantrieb, die keine Kleinfahrzeuge sind.
2. Der Segler.

Prüfungsfrage 510
Sie segeln nachts auf einer Binnenschifffahrtsstraße hoch am Wind mit Wind von Steuerbord. Voraus kommt ein Fahrzeug in Sicht, von dem Sie das Topplicht über den beiden auseinander liegenden Seitenlichtern sehen.
1. Wer ist ausweichpflichtig? (Begründung)
2. Wie ist auszuweichen?

●●
1. Ich, weil Kleinfahrzeuge allen Fahrzeugen mit 20 m oder mehr Länge ausweichen müssen.
2. Ich lasse dem Großfahrzeug ausreichend Raum; ich darf nach Steuerbord oder Backbord ausweichen, muss aber klaren Kurs zeigen.

Prüfungsfrage 511
Sie kreuzen auf einer Binnenschifffahrtsstraße unter Segel den Kurs eines Motorbootes. Wer ist ausweichpflichtig?

●
Das Motorboot.

Prüfungsfrage 512
Zwei Kleinfahrzeuge unter Segel, A und B, liegen auf Kollisionskurs (Skizze); A führt einen schwarzen Kegel im Mast.
1. Wer ist ausweichpflichtig?
2. Tragen Sie den Kurs des ausweichenden Fahrzeugs in die Skizze ein und begründen Sie das Manöver.

●●
1. A.
2. A fährt mit Motor und ist dem Kleinfahrzeug unter Segel ausweichpflichtig.

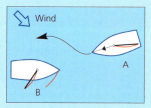

Prüfungsfrage 513
Sie kreuzen mit Ihrem Segelboot auf einer Binnenschifffahrtsstraße. In Fahrwassermitte kommt eine Motoryacht (ca. 15 m lang) auf Sie zu.
1. Wer ist ausweichpflichtig?
2. Unter welchen Voraussetzungen dürfen Sie wenden und nochmals das Fahrwasser kreuzen, wenn Sie nach Lee keinen Raum mehr haben?

●●
1. Die Motoryacht.
2. Die Wende muss so rechtzeitig erfolgen, dass ein ausreichender Sicherheitsabstand gewährleistet ist.

Prüfungsfrage 514
Sie kreuzen nachts unter Segel das Fahrwasser. An Backbord sehen Sie die Lichter eines Fahrzeugs, das in spitzem Winkel Ihren Kurs kreuzen will.
1. Um welches Fahrzeug handelt es sich?
2. Wer ist ausweichpflichtig? Begründung.

●●
1. Kleinfahrzeug mit Maschinenantrieb.
2. Kleinfahrzeuge mit Maschinenantrieb müssen Kleinfahrzeugen unter Segeln ausweichen.

Prüfungsfrage 515
Sie kreuzen nachts unter Segel und Motor stromauf. Ein Fahrzeug kommt entgegen, das nur ein weißes Topplicht führt.
1. Was ist das für ein Fahrzeug?
2. Wer ist ausweichpflichtig?

●●
1. Kleinfahrzeug ohne Maschinenantrieb.
2. Ich bin ausweichpflichtig.

Prüfungsfrage 516
Sie kreuzen nachts im Fahrwasser. Von achtern kommt ein Fahrzeug auf, das eine Zweifarbenlaterne am Bug und ein Topplicht führt. Um welches Fahrzeug handelt es sich und wer muss ausweichen?

●●
Das aufkommende Fahrzeug ist ein Kleinfahrzeug mit Maschinenantrieb. Es muss dem Kleinfahrzeug unter Segel ausweichen.

Prüfungsfrage 517
Zwei Kleinfahrzeuge A und B unter Segel liegen auf Kollisionskurs (Skizze). Wer ist ausweichpflichtig? Begründung.

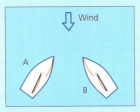

●●
A ist ausweichpflichtig. Segelfahrzeuge mit Wind von Backbord müssen Segelfahrzeugen mit Wind von Steuerbord ausweichen.

Prüfungsfrage 518
Zwei Kleinfahrzeuge unter Segel liegen auf Kollisionskurs (Skizze). Wer ist ausweichpflichtig? Begründung.

●●
Boot B; das luvwärtige Boot muss dem leewärtigen ausweichen.

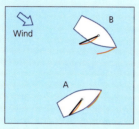

Prüfungsfrage 519
Sie segeln mit Wind von Backbord auf einer Binnenschifffahrtsstraße. Steuerbord querab segelt eine Jolle, ebenfalls mit Wind von Backbord. Es besteht Kollisionsgefahr. Wer ist ausweichpflichtig?

Ich bin ausweichpflichtig; das luvwärtige Boot muss dem leewärtigen ausweichen.

Prüfungsfrage 520
Boot A und B liegen auf Kollisionskurs (Skizze).
1. Wer ist ausweichpflichtig? Begründung.
2. Wie muss der Ausweichpflichtige manövrieren, um seinen alten Kurs beibehalten zu können?

1. Boot A; das luvwärtige Boot muss dem leewärtigen ausweichen.
2. Eine Wende segeln oder in den Wind drehen und nach dem Passieren von B auf alten Kurs abfallen.

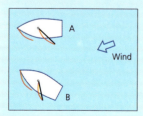

Prüfungsfrage 521
Sie segeln nachts auf Vorwindkurs stromab, Großsegel an Steuerbord. Backbord querab sehen Sie das grüne Seitenlicht eines Bootes, das kein Topplicht führt und immer näher kommt. Wer ist ausweichpflichtig? Begründung.

Ich bin ausweichpflichtig. Ein Boot mit Wind von Backbord muss ausweichen, wenn es nicht klar ausmachen kann, auf welchem Bug ein luvwärtiges Boot segelt.

Prüfungsfrage 522
Der seitliche Abstand zwischen den Booten A, B und C (Skizze) verringert sich ständig. Welches Boot kann nach den Ausweichregeln der Binnenschifffahrtsstraßenordnung seinen Kurs beibehalten und warum?

Boot A, weil leewärtig.

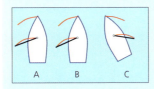

Prüfungsfrage 523
Wer darf seinen Kurs beibehalten?

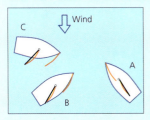

1. A gegenüber B und C, weil Fahrzeuge mit Wind von Steuerbord vor den Fahrzeugen mit Wind von Backbord Vorrang haben.
2. B gegenüber C, weil beide Fahrzeuge den Wind von der gleichen Seite haben und das leewärtige Fahrzeug Vorrang hat.

Prüfungsfrage 524
Auf welcher Seite überholt auf Binnenschifffahrtsstraßen ein segelndes Kleinfahrzeug ein anderes segelndes Kleinfahrzeug?

Auf dessen Luvseite.

Prüfungsfrage 525
Sie wollen auf einer Binnenschifffahrtsstraße mit der Jolle A das Segelboot B überholen (Skizze).
1. Zeichnen Sie den Kurs von A in die Skizze ein!
2. Beschreiben Sie das Manöver!
3. Worauf müssen Sie dabei achten?

• • •
1.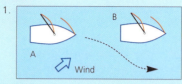
2. Ich muss auf der Luvseite von B überholen.
3. Ich muss mich freihalten und darf den übrigen Verkehr nicht gefährden.

Prüfungsfrage 526
Sie segeln auf einer Binnenschifffahrtsstraße und lassen den Motor mitlaufen. Ein Ruderboot kommt Ihnen auf Kollisionskurs entgegen. Wer ist ausweichpflichtig? Begründung.

• •
Ich muss ausweichen. Kleinfahrzeuge mit Maschinenantrieb müssen Kleinfahrzeugen ohne Maschinenantrieb ausweichen.

Prüfungsfrage 527
Sie segeln auf einer Binnenschifffahrtsstraße. Ein Ruderboot kommt Ihnen entgegen. Wer ist ausweichpflichtig?

•
Das Ruderboot.

Prüfungsfrage 17
Bis zu welcher Länge gilt auf den Binnenschifffahrtsstraßen ein Sportboot als Kleinfahrzeug?

•
Weniger als 20 m Länge.

Prüfungsfrage 18
Wann gilt ein Sportboot auf den Binnenschifffahrtsstraßen nicht mehr als ein Kleinfahrzeug?

•
Wenn es 20 m oder länger ist.

Prüfungsfrage 19
Wann ist ein Fahrzeug „in Fahrt"?

• • •
Wenn es weder vor Anker liegt noch am Ufer festgemacht ist noch festgefahren ist.

Wind

Windstärke 0-12

Beaufortskala Bft	Meter pro Sekunde m/s	Kilometer pro Stunde km/h	Knoten pro Stunde kn
0 Windstille	0 – 0,2	0 – 1	0 – 1
1 leiser Zug	0,3 – 1,5	1 – 5	1 – 3
2 leichte Brise	1,6 – 3,3	6 – 11	4 – 6
3 schwache Brise	3,4 – 5,4	12 – 19	7 – 10
4 mäßige Brise	5,5 – 7,9	20 – 28	11 – 15
5 frischer Wind	8,9 – 10,7	29 – 38	16 – 21
6 starker Wind	10,8 – 13,8	39 – 49	22 – 27
7 steifer Wind	13,9 – 17,1	50 – 61	28 – 33
8 stürmischer Wind	17,2 – 20,7	62 – 74	34 – 40
9 Sturm	20,8 – 24,4	75 – 88	41 – 47
10 schwerer Sturm	24,5 – 28,4	89 – 102	48 – 55
11 orkanartiger Sturm	28,5 – 32,6	103 – 117	56 – 63
12 Orkan	32,7 – >	118 – >	64 – >

Hochdruck und Tiefdruck

Kalte Luft ist schwerer als warme und zieht sich zusammen – es entsteht ein Gebiet mit hohem Luftdruck **H**. Warme Luft ist leichter als kalte und dehnt sich aus – es entsteht ein Gebiet mit niedrigem Luftdruck **T**.

Durch die Erddrehung abgelenkt, strömen die Luftmassen auf der nördlichen Erdhalbkugel im Uhrzeigersinn aus dem Hochdruckgebiet, gegen den Uhrzeigersinn in das Tiefdruckgebiet.

Isobaren sind Linien auf der Wetterkarte und verbinden Orte gleichen Luftdrucks. Liegen die Linien eng beisammen, findet der Luftmassenaustausch schnell statt = starker Wind, liegen sie weit auseinander, findet der Luftmassenaustausch langsam statt = schwacher Wind.

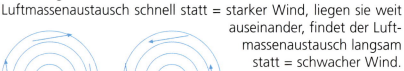

Der Luftdruck wird in **Hektopascal (hPa)** gemessen. Wichtig für Segler ist die Veränderung des Luftdrucks, weniger die relative Angabe in hPa. Ändert sich der Luftdruck, ist das auch ein Indiz für einen Wetterwechsel. Fällt er schnell – z. B. um 3 hPa pro Stunde – ist mit einer Verschlechterung in kürzester Zeit zu rechnen, steigt er langsam, mit einer Wetterberuhigung.

Wind

Gewitter

Nicht nur der **Barometer** (aktueller Luftdruck) oder der **Barograf** (zeichnet den Luftdruck über einen längeren Zeitraum auf), auch die Luftfeuchtigkeit (am Hygrometer abzulesen) und die Lufttemperatur geben Aufschluss über das zu erwartende Wettergeschehen.

Gewitter sind für Wassersportler besonders unangenehm und bergen vor allem für Segler Gefahren. **Frontgewitter** entstehen, wenn warme (schnellere) Luftmassen auf kalte (langsamere) treffen. Die Entwicklung zeichnet sich schon früh durch die Wolkenbildung ab. **Wärmegewitter** hingegen entwickeln sich schneller. Erhitzte Luft strömt nach oben und bildet sich zu einer typischen Gewitterwolke aus (Cumulonimbus).

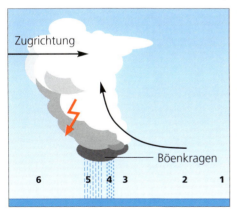

Cumulonimbuswolke

1 Flaute.

2 Wind weht in Richtung Gewitterwolke.

3 Unterhalb des Böenkragens die so genannte Böenwalze (Böen mit Sturm- oder Orkanstärke).

4 Schlagartig einsetzender, schauerartiger Regen oder Hagel (Sichtbeeinträchtigung).

5 Regen und Blitze.

6 Extreme Abkühlung.

Bei aufziehendem Gewitter den nächsten Hafen, zumindest eine geschützte Bucht anlaufen und bei ablandigem Wind (weht vom Land aufs Wasser) ankern, Rettungswesten anlegen und Segel bergen.

Wetterbericht und Sturmwarnung

Wetterinformationen gibt es in Tageszeitungen, im Rundfunk, im Fernsehen, bei örtlichen Wetterstationen, Ansagedienste per Telefon oder Informationen per SMS direkt aufs Handy. Befahren Sie ein für Sie unbekanntes Revier, sollten Sie sich zuvor über die örtlichen Sturmwarnsignale, spezielle Vorschriften wie Auslaufverbot bei Sturmwarnung, informieren. Haben Sie bezüglich des Wetters unterschiedliche Informationen erhalten, nehmen Sie immer die ungünstigste als Grundlage für Ihre Planung. Rundfunkwetterberichte bezeichnen leichte Winde anders als die Beaufortskala. Was der Rundfunk als mäßigen Wind bezeichnet, ist für den Segler ein idealer Segelwind. Ein frischer Wind tönt harmlos, für einen Jollensegler stellt er bereits hohe Anforderungen, da bei den meisten Jollen die Segel nicht so problemlos gerefft werden können.

Windstärken in Rundfunkwetterberichten
Windstille oder schwacher Wind = Windstärke Bft. 0 – 3
Mäßiger Wind = Windstärke Bft. 4
Frischer Wind = Windstärke Bft. 5
Starker Wind = Windstärke Bft. 6
Starker bis stürmischer Wind = Windstärke Bft. 7
Stürmischer Wind = Windstärke Bft. 8
Sturm = Windstärke Bft. 9
Schwerer Sturm = Windstärke Bft. 10
Orkanartiger Sturm = Windstärke Bft. 11
Orkan = Windstärke Bft. 12

Auch Wetterexperten können sich irren und nicht immer alles vorhersagen. Eine permanente Beobachtung der Wolkenbilder oder Winddrehungen gibt Aufschluss über Wetterveränderungen.

Wind

Lokale Winde

Landwind und Seewind

Land erwärmt sich bei Sonneneinstrahlung schneller als Wasser, kühlt aber auch schneller wieder ab. Wasser erwärmt sich langsamer, speichert aber die Wärme länger als Land.

Über dem Land bildet sich ein kleines Tief, da die warme Luft sich ausdehnt, über dem Wasser ein kleines Hoch und die kühlere Seeluft füllt das Tief auf. Nachts weht der Wind vom Land aufs Wasser, wo sich nun das kleine Tief gebildet hat. Solche Winde nennt man **thermische Winde**, von Seglern sehr geschätzt. Sie erreichen jeweils am frühen Nachmittag ihre größte Stärke, gegen Abend schläft der Wind ein, bevor er die Richtung wechselt und nun vom Land aufs Wasser weht.

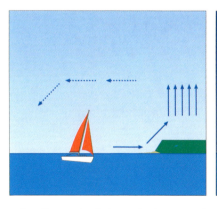 

Allerdings sind thermische Winde in gebirgigen Regionen oder an Küsten mit gebirgigem Hinterland nicht ungefährlich. Schnellere Höhenluft trifft ungehindert auf langsame Bodenluft und es entstehen Fallwinde, die nicht selten Sturmstärke erreichen können.

Prüfungsfrage 236
Welche Faktoren sind hauptsächlich für das Wettergeschehen, also für Wind und Niederschläge, ausschlaggebend?

●●
Luftdruckänderung, Luftfeuchtigkeit und Temperatur.

Prüfungsfrage 237
Mit welcher Wetterentwicklung rechnen Sie bei schnell und stetig fallendem Luftdruck?

●●
Schlechtes Wetter; Starkwind oder Sturm.

Prüfungsfrage 238
Welches Wetter ist zu erwarten, wenn der Luftdruck langsam, aber ständig steigt?

●
Besseres bzw. schöneres Wetter.

Prüfungsfrage 239
Welche Maßeinheiten werden verwendet für
1. Luftdruck?
2. Windgeschwindigkeit?

●●
1. Hektopascal (hPa).
2. m/s, km/h, Knoten (kn).

Prüfungsfrage 240
Wo können Sie sich über das zu erwartende Wetter informieren?

●
Rundfunk, Fernsehen, örtliche Wetterstationen, telefonische Ansagedienste.

Prüfungsfrage 241
Warum müssen Sie sich vor dem Befahren eines fremden Reviers über die örtlichen Sturmwarnsignale und die diesbezüglichen Vorschriften informieren?

●
Weil sie von Revier zu Revier unterschiedlich sein können, ebenso die Vorschriften, z. B. Auslaufverbot bei Sturmwarnung.

Prüfungsfrage 242
Womit müssen Sie rechnen, wenn sich bei sommerlicher Schwüle um die Mittagsstunden Haufenwolken zu Cumulonimbuswolken großen Ausmaßes verdichten? Was tun Sie?

●●
Mit einem Gewitter. Das Boot wird darauf vorbereitet, einen Hafen oder eine geschützte Bucht anzusteuern.

Prüfungsfrage 243
Unter aufgetürmten Gewitterwolken erkennen Sie einen Böenkragen, der auf Sie zukommt. Wann sind die ersten heftigen Böen zu erwarten?

Wenn der Böenkragen annähernd über mir steht.

Prüfungsfrage 591
Von welchem Zeitpunkt an sind auf dem Boot Rettungswesten zu tragen:
1. Vom Nichtschwimmer?
2. Vom Schwimmer?

1. Immer.
2. Sobald die Gefahr des Kenterns oder Überbordgehens zunimmt.

Prüfungsfrage 592
Sie befinden sich mit Ihrer Jolle auf einem größeren Gewässer. Es wird Sturmwarnung gegeben. Was tun Sie?

Rettungswesten anlegen. Segel reffen oder teilweise bergen. Legerwall meiden und versuchen, einen Hafen oder eine geschützte Bucht anzulaufen.

Prüfungsfrage 597
Der Wetterbericht sagt Windstärken um 5 („frische Brise", „frischen Wind") voraus. Was bedeutet das für Jollen und Jollenkreuzer?

Diese Windstärke stellt hohe Anforderungen bei ungerefften Segeln.

Wind und Wetter:
Die Auswirkungen von Wind und Wetter an Land und auf dem Wasser sind gesondert zu betrachten. Ein starker Wind (Bft. 6) kann an Land noch als sehr angenehm empfunden werden, – bei warmem Wetter eine willkommene Erfrischung – auf dem Wasser brechen bereits die Wellenkämme, Segler nennen das grobe See. Eine frische Brise (Bft. 5) bewegt an Land Äste und kleinere Bäume wiegen sich im Wind, auf dem Wasser bilden sich weiße Schaumkronen und es treten erste Böen auf. An Land können Temperaturen von über 30° Celsius die Leute schwitzen lassen, auf dem Wasser empfindet man das als angenehm und rechnet kaum mit schnell aufziehenden Gewittern. Für Wassersportler ist es wichtig, sich mit dem komplexen Thema Wetter auseinander zu setzen. Unter dem Begriff „Seewetter" gibt es hervorragende Literatur.

Natur

10 goldene Regeln für Wassersportler

1. Nähern Sie sich auch von Land her nicht Schilfgürteln und der sonstigen dichten Ufervegetation, um nicht in den Lebensraum von Vögeln, Kleintieren und Pflanzen einzudringen und diese zu gefährden.

2. Halten Sie einen ausreichenden Mindestabstand zu Röhrichtbeständen, Schilfgürteln und anderen unübersichtlich bewachsenen Uferpartien sowie Ufergehölzen – auf breiten Flüssen beispielsweise 30-50 m.

3. Befolgen Sie in Naturschutzgebieten unbedingt die geltenden Vorschriften. Häufig ist Wassersport in Naturschutzgebieten ganzjährig, zumindest zeitweise völlig untersagt oder nur unter ganz bestimmten Bedingungen möglich.

4. Nehmen Sie in „Feuchtgebieten von internationaler Bedeutung" bei der Ausübung von Wassersport besondere Rücksicht. Diese Gebiete dienen als Lebensstätte seltener Tier- und Pflanzenarten und sind daher besonders zu schützen.

5. Benutzen Sie beim Landen die dafür vorgesehenen Plätze oder solche Stellen, an denen sichtbar kein Schaden angerichtet werden kann.

Natur

6 Nähern Sie sich auch vom Land her nicht Schilfgürteln und der sonstigen dichten Ufervegetation, um nicht in den Lebensraum von Vögeln, Kleintieren und Pflanzen einzudringen und diese zu gefährden.

7 Laufen Sie im Bereich der Watten keine Seehundbänke an, um die Tiere nicht zu stören oder zu vertreiben. Halten Sie mindestens 300-500 m Abstand zu Seehundliegeplätzen und Vogelansammlungen und bleiben Sie hier auf jeden Fall in der Nähe des markierten Fahrwassers. Fahren Sie hier mit langsamer Fahrstufe.

8 Beobachten und fotografieren Sie Tiere möglichst nur aus der Ferne.

9 Helfen Sie, das Wasser sauber zu halten. Abfälle gehören nicht ins Wasser, insbesondere nicht der Inhalt von Chemietoiletten. Diese Abfälle müssen, genauso wie Altöle, in bestehenden Sammelstellen der Häfen abgegeben werden. Benutzen Sie in Häfen selbst ausschließlich die sanitären Anlagen an Land. Lassen Sie beim Stillliegen den Motor Ihres Bootes nicht unnötig laufen, um die Umwelt nicht zusätzlich durch Lärm und Abgase zu belasten.

10 Machen Sie sich diese Regeln zu Eigen, informieren Sie sich vor Ihren Fahrten über die für Ihr Fahrtgebiet bestehenden Bestimmungen. Sorgen Sie dafür, dass diese Kenntnisse und Ihr eigenes vorbildliches Verhalten gegenüber der Umwelt auch an die Jugend und vor allem an nichtorganisierte Wassersportler weitergegeben werden.

Prüfungsfrage 197
In welchem Merkblatt finden Sie Hinweise für Ihr Verhalten zum Schutz seltener Tiere und Pflanzen sowie zur Reinhaltung der Gewässer?

●
In den 10 goldenen Regeln für Wassersportler.

Prüfungsfrage 198
Was ist hinsichtlich der Reinhaltung der Gewässer verboten?

●●
1. Kraftstoffe oder Öle oder Öl-Wasser-Gemische einzubringen.
2. Abfälle über Bord zu werfen.

Prüfungsfrage 199
Was ist beim Umgang mit Ölen, Treibstoffen, Farben und anderen umweltschädlichen Stoffen an Bord unbedingt zu beachten?

●●
Umweltgerecht entsorgen, Wasser nicht verunreinigen.

Prüfungsfrage 200
Was tun Sie mit Abfällen jeglicher Art, die an Bord anfallen?

●●
Getrennt sammeln und in Aufnahmebehälter an Land bringen, keinesfalls über Bord werfen.

Prüfungsfrage 201
Weshalb sollten Sie das Anlaufen von Schilf- und Röhrichtzonen unbedingt meiden?

●●
Weil diese Uferzonen vielfach Rast- und Brutplätze besonders schutzbedürftiger Vögel sind. Regionale Vorschriften verbieten das Eindringen in die Zonen und fordern die Einhaltung von Mindestabständen.

Prüfungsfrage 202
Weshalb sollten Sie seichte Gewässer in dicht bewachsenen Uferzonen meiden?

●●●
Weil diese seichten Gewässer vielfach Fischlaichgebiete sind, in denen auch schutzbedürftige Pflanzen vorkommen. Regionale Vorschriften verbieten das Eindringen in die Zonen und fordern die Einhaltung von Mindestabständen.

Sicherheit

Sicherheitsausrüstung an Bord

Oberstes Gebot an Bord ist die Sicherheit für Personen und Boot. Bei der folgenden Auflistung handelt es sich um die Mindestausrüstung, um die Verkehrsvorschriften einzuhalten. Dass eine Jolle ohne Motor auf einem kleinen See keinen Feuerlöscher braucht, ist klar, aber ohnmachtsichere Rettungswesten müssen schon an Bord sein. Diese Rettungswesten garantieren eine stabile Rückenlage und halten Mund und Nase über Wasser (CE-Zeichen). Kinder und Nichtschwimmer tragen immer eine Rettungsweste.

Rettungswesten	Für jede Person an Bord.
Rettungsring	An schwimmfähiger Leine.
Erste-Hilfe-Kasten	Von Zeit zu Zeit Inhalt überprüfen.
Rote Flagge	Zum Anzeigen einer Notsituation.
Taschenlampe(n)	Mit Ersatzbatterien.
Feuerlöscher	Wartungsintervalle beachten (Plakette).
Anker	Anker mit Kettenvorlauf und Leine/Kette.
Bootshaken	Immer griffbereit an Deck.
Paddel	Zwei, um im Notfall das Fahrwasser freizumachen.
Kappmesser	Für Notfälle: zum Kappen von Leinen.
Werkzeug	Braucht man immer an Bord.
Schöpfeimer	Zum Ausschöpfen: Bilge oder Spritzwasser.
Festmacherleinen	Mindestens vier in unterschiedlicher Länge.
Schleppleine	Leine oder Trosse mit hoher Bruchlast.
Wurfleine	Zur Übergabe der Schlepp-/Festmacherleine.

Feuerlöscher und Flüssiggas

Feuerlöscher
Auf einem Sportboot sollte mindestens ein Feuerlöscher mit 2 kg Löschmittelinhalt (empfohlen: ABC-Pulverlöscher) vorhanden sein. Besser wären zwei: einer in der Nähe des Motors, einer beim Kochherd. Bei einem Brand im Inneren des Bootes sofort die Luftzufuhr unterbinden, also alle Öffnungen nach außen schließen und den Feuerlöscher erst am Brandherd betätigen. Feuerlöscher müssen alle zwei Jahre überprüft und mit einer Prüfplakette versehen werden.

> **Empfehlungen für die sicherheitstechnische Ausrüstung von Wassersportfahrzeugen und Brandschutz sind beim DSV und DMYV erhältlich. Adresse, siehe Seite 30.**

Flüssiggasanlagen
An diesen Anlagen selbst keine Reparaturen vornehmen. Der Einbau und die regelmäßige Überprüfung sollte entsprechend den Richtlinien durch einen Sachkundigen vorgenommen werden. Flüssiggas (Propan und Butan) ist geruchlos, schwerer als Luft und bildet zusammen mit Luft ein explosives Gemisch.

> **Ein Merkblatt für „Flüssiggasanlagen auf Sportbooten" ist beim DSV und DMYV erhältlich. Adresse, siehe Seite 30.**

Sicherheit
Batterie und Radarreflektor

Batterien
Sportboote haben meist zwei oder mehr Batterien, sie benötigen eine regelmäßige Wartung. Die Anschlusspole einfetten, die Anschlüsse fest anziehen, Batterien trocken halten, um sie vor Oxidation zu schützen, den Säurestand prüfen und, wenn nötig, mit destilliertem Wasser nachfüllen. Ist keine Anzeige für den Ladezustand der Batterien vorhanden, mit dem so genannten Säureheber prüfen. Batterien sind heute meist „wartungsfrei", zumindest aber wartungsarm (Hinweise des Herstellers beachten).

Beim Aufladen einer Batterie entstehen explosive Gase. Den Batterieraum während des Aufladens lüften, damit die Gase entweichen können.

Radarreflektor
Sportboote werden heute überwiegend aus glasfaserverstärktem Kunststoff gebaut (GFK). Ein Nachteil von GFK und Holz: Auf dem Radarbildschirm anderer Schiffe erscheint das reflektierte Radarecho nur schwach. Bedingt Abhilfe schafft ein Reflektor, der die Radarstrahlen in die Herkunftsrichtung reflektieren kann. Nachts sollte ein Sportboot im Interesse der eigenen Sicherheit nur mit einem Radarreflektor unterwegs sein. Bei unsichtigem Wetter ist es mit oder ohne Radarreflektor ratsam, die Geschwindigkeit den Sichtverhältnissen anzupassen, die Lichter einzuschalten (setzen) und möglichst den nächsten Hafen anzulaufen.

Prüfungsfrage 179
Was veranlassen Sie, wenn während der Fahrt unsichtiges Wetter eintritt?

●●●
1. Geschwindigkeit den Sichtverhältnissen anpassen.
2. Lichter setzen.
3. Möglichst den nächsten Hafen aufsuchen.

Prüfungsfrage 203
Nennen Sie die wichtigsten Ausrüstungsgegenstände eines Sportbootes.

●●●
Wurfleinen, Feuerlöscher, rote Flagge, Taschenlampe, Kappmesser oder Axt, Bootshaken, Festmacherleinen, Werkzeug, Schleppleine, mindestens ein Anker, zwei Paddel, Rettungswesten, Verbandskasten, Schöpfeimer, Rettungsring.

Prüfungsfrage 204
Welche Anforderungen müssen an Rettungswesten gestellt werden?

●●
Sie müssen ohnmachtsicher sein (mindestens DIN EN 393), d. h., sie müssen den Kopf einer bewusstlosen Person über Wasser nach oben halten und stets die Rückenlage garantieren.

Prüfungsfrage 205
Weshalb sollten Sie auf einem kleinen Boot unbedingt Paddel mitführen?

●
Damit im Notfall das Fahrwasser freigemacht werden kann.

Prüfungsfrage 206
Welchen Vorteil bietet ein Radarreflektor auf einem Sportboot?

●
Bessere Erkennbarkeit auf Radarbildschirmen.

Prüfungsfrage 207
Welche Löschmittelmenge sollte ein Feuerlöscher auf einem Sportboot haben?

●
Mindestens 2 kg.

Prüfungsfrage 208
Woran erkennen Sie, wann ein Feuerlöscher zu warten ist?

●
An der Prüfplakette.

Prüfungsfrage 209
Welche Maßnahmen ergreifen Sie, um einen Brand wirksam zu bekämpfen?

●●
Luftzufuhr vermeiden bzw. unterbinden. Feuerlöscher erst am Brandherd in Tätigkeit setzen.

Prüfungsfrage 210
Warum ist Flüssiggas (Propan, Butan) besonders gefährlich?

●●●
Es ist schwerer als Luft, geruchlos und bildet mit Luft ein explosives Gemisch.

Prüfungsfrage 211
Was ist bei Flüssiggasanlagen an Bord zu beachten?

●●
Die Anlage muss durch einen Sachkundigen entsprechend den Richtlinien eingebaut sein. Sie muss regelmäßig überprüft werden.

Prüfungsfrage 212
Was haben Sie beim Aufladen von Batterien an Bord zu beachten?

●●●
Batterieraum lüften, damit die beim Aufladen entstehenden Gase entweichen können. Auf festen Anschluss der Ladeleitung achten.

Prüfungsfrage 213
Wie warten Sie die Batterie Ihres Bootes?

●●
Trocken halten, vor Oxidation schützen, Anschlusspole fetten, Kabel fest anziehen, Säurestand prüfen.

Prüfungsfrage 214
Was ist wichtig bei der Überwachung und Wartung Ihrer Bordbatterie?

●●
1. Säurestand kontrollieren, eventuell destilliertes Wasser nachfüllen.
2. Pole stets sauber halten und einfetten.

Prüfungsfrage 215
Mit welchem einfachen Gerät überprüft man den Ladezustand der Batterie?

●
Mit dem Säureheber.

Pflichten

Schifffahrtsstraßen-Ordnungen und Vorschriften
Sind Sie auf deutschen Gewässern unterwegs, fahren Sie nach den Rechtsverordnungen, die Sie in diesem Buch gelernt haben, der
- **Binnenschifffahrtsstraßen-Ordnung.**

Da Rhein, Mosel und Donau durch verschiedene Länder fließen, wurden hier mit den Anrainerstaaten Verordnungen geschaffen, die jeweils auf dem gesamten schiffbaren Bereich des Rheins oder der Donau oder der Mosel Gültigkeit haben. Deshalb gilt hier die
- **Rheinschifffahrtspolizeiverordnung**
- **Donauschifffahrtspolizeiverordnung**
- **Moselschifffahrtspolizeiverordnung.**

Für Wassermotorräder und Wasserski gibt es eine spezielle
- **Wassermotorräderverordnung**
- **Wasserskiverordnung.**

Die Befolgung der schifffahrtspolizeilichen Vorschriften überwacht die Wasserschutzpolizei und die Wasser- und Schifffahrtsverwaltung. Die Beamten der Wasserschutzpolizei und der Dienststellen der Wasser- und Schifffahrtsverwaltung überwachen nicht nur, sie sind auch Anlaufstelle für Ihre Fragen. Bevor Sie eine Reise beginnen, besorgen Sie sich das **neueste Kartenmaterial** und informieren sich bei den für dieses Gebiet zuständigen Dienststellen über **Vorschriften, Verkehrsbeschränkungen, Sonderregelungen** sowie **Fahrwasserbezeichnungen**.

Die Gewässer, auf denen die Binnenschifffahrtsstraßen-Ordnung und die jeweiligen Sondervorschriften gelten, sind in Teil II der Binnenschifffahrtsstraßen-Ordnung und den dazu erlassenen Regelungen für vorübergehende Abweichungen („Drei-Jahres-Verordnungen") zu finden (Prüfungsfrage 2).

Schifffahrtspolizeivorschriften

Sondervorschriften
Auf den Gewässern des Landes Berlin benötigt man eine Fahrerlaubnis für Segelboote ab 3 m² Segelfläche. Alle Motorbootfahrer auf dem innersten Ring in Berlin müssen im Besitz eines Führerscheins sein, auch wenn das Sportboot weniger als 3,69 kW (5 PS) Motorleistung hat (Prüfungsfragen 34 und 400).

Allgemeines
Eine Grundregel für das Verhalten von Wassersportlern lautet: Alle Verkehrsteilnehmer haben Vorsichtsmaßnahmen zur sicheren Führung des Fahrzeugs zu treffen, damit kein anderer geschädigt, gefährdet oder mehr als nach den Umständen unvermeidbar behindert oder belästigt wird (Prüfungsfrage 11). Bei unmittelbar drohender Gefahr müssen die Schiffsführer alle Maßnahmen treffen, die die Umstände gebieten, auch wenn sie dadurch gezwungen sind, von den geltenden Bestimmungen abzuweichen (Prüfungsfrage 12).

Schiffsführer
Schiffsführer sind Sie nach bestandener Prüfung. Gibt es an Bord mehrere Personen, die befähigt sind, ein Schiff zu führen, muss vor Antritt der Fahrt bestimmt werden, wer Schiffsführer und für die Befolgung der Vorschriften verantwortlich ist. Wie im Straßenverkehr gilt auch hier: Wer durch den Genuss von Alkohol, die Einnahme von Medikamenten, Drogen oder auch nur durch Übermüdung beeinträchtigt ist, darf ein Fahrzeug nicht führen. Lässt sich der Schiffsführer am Ruder durch eine mindestens 16 Jahre alte Person vertreten, ändert das nichts an seiner Verantwortung für die sichere Führung des Fahrzeugs (Prüfungsfragen 9, 10, 402, 403).

Hilfeleistung/Hochwasser/Kennzeichen

Hilfeleistungspflicht

Grundsätzlich besteht eine Verpflichtung zur Hilfeleistung in Notfällen. Eine Missachtung dieses Grundsatzes kann sogar strafrechtliche Folgen haben. Ein unfallbeteiligter Schiffsführer ist verpflichtet, die Feststellung seiner Personalien, die der beteiligten Personen und der Schiffsdaten zu ermöglichen. Eine Unterrichtungspflicht der Wasserschutzpolizei besteht nur, wenn Personen ernsthaft verletzt wurden, Personen vermisst werden, Schifffahrtszeichen zerstört oder beschädigt wurden, ein Schiff gesunken ist oder sich festgefahren hat und somit zum Hindernis für die übrige Schifffahrt geworden ist (Prüfungsfragen 13-15).

Hochwasser

Bei steigenden Pegelständen sollten Sportboote rechtzeitig einen sicheren Hafen anlaufen. In strömenden Gewässern kann einem Sportboot allein schon durch Treibgut Gefahr drohen. Informationen darüber, bei welcher Hochwassermarke Einschränkungen oder Verbote bestehen, muss sich ein Schiffsführer vor Antritt der Fahrt besorgen. Hat er ein Funkgerät an Bord, schaltet er dies immer auf Empfang. Geschwindigkeitsbeschränkungen (Geschwindigkeit gegenüber dem Ufer) beachten. Als Talfahrer bei starker Strömung erreicht ein Fahrzeug die erlaubte Höchstgeschwindigkeit schon mit geringer Maschinenkraft (Prüfungsfrage 16).

Kennzeichnungspflicht

Ab 5 m^3 Wasserverdrängung kann, ab 10 m^3 Wasserverdrängung muss ein Wassersportfahrzeug im Binnenschiffsregister oder im Seeschiffsregister eingetragen werden, wahlweise mit einem amtlichen oder einem amtlich anerkannten Kennzeichen.

Kennzeichen

Die Kennzeichnung eines Sportbootes muss entweder beidseits am Bug oder am Heck in 10 cm großen (lateinischen) Buchstaben und (arabischen) Ziffern angebracht werden. Auf einem hellen Bootsrumpf in dunkler, auf einem dunklen Bootsrumpf in heller Farbe.

Amtliches Kennzeichen
Amtliche Kennzeichen erteilt jedes Wasser- und Schifffahrtsamt. Es besteht aus einer Buchstaben-/Ziffernkombination, ähnlich einem Nummernschild für PKW, wobei der erste Buchstabe für das Wasser- und Schifffahrtsamt steht. Im Binnenschiffsregister oder Seeschiffsregister eingetragene Boote beginnen mit der Nummer des Internationalen Bootsscheins und einem Buchstaben (Kennbuchstabe der ausstellenden Behörde).
z. B.   **K-A 123   1234 B   2345 F**

Amtlich anerkanntes Kennzeichen
Amtlich anerkannte Kennzeichen bestehen aus der Nummer des Internationalen Bootsscheins und dem Kennbuchstaben der ausstellenden Organisation: S für den Deutschen Segler-Verband e. V., M für den Deutschen Motoryachtverband e. V. und A für den Allgemeinen Deutschen Automobilclub e. V.
z. B.   **123 S   234 M   345 A**

Nicht kennzeichnungspflichtige Boote
Nicht kennzeichnungspflichtige Boote können mit dem Namen des Schiffs sowie Namen und Anschrift des Eigners versehen werden.

(Prüfungsfragen 24-28)

Prüfungsfrage 1
Welches sind die wichtigsten Verordnungen zur Regelung des Verkehrs auf den Binnenschifffahrtsstraßen?

●●●
- Binnenschifffahrtsstraßen-Ordnung
- Rheinschifffahrtspolizeiverordnung
- Moselschifffahrtspolizeiverordnung
- Donauschifffahrtspolizeiverordnung
- Wassermotorräderverordnung
- Wasserskiverordnung

Prüfungsfrage 2
In welchen Vorschriften sind die Gewässer, auf denen die Binnenschifffahrtsstraßen-Ordnung mit den jeweiligen Sondervorschriften gilt, aufgeführt?

●●
In Teil II der Binnenschifffahrtsstraßen-Ordnung und den dazu erlassenen Regelungen für vorübergehende Abweichungen (Drei-Jahres-Verordnungen).

Prüfungsfrage 3
Welche Verpflichtung haben Sie, wenn Sie ein Ihnen unbekanntes Revier befahren wollen?

●●●
1. Ich informiere mich über die dort geltenden Vorschriften, Fahrwasserbezeichnungen, Sonderregelungen.
2. Ich beschaffe mir das erforderliche Kartenmaterial.

Prüfungsfrage 4
Weshalb muss sich der Schiffsführer vor dem Befahren fremder Gewässer über die dort geltenden Vorschriften informieren?

●●●
Damit er die dort möglichen Abweichungen der Verkehrs-, Führerschein- und Zulassungsvorschriften sowie mögliche Fahrverbote für Teile der Wasserflächen oder zu bestimmten Zeiten berücksichtigen kann.

Prüfungsfrage 5
Wo kann man Verkehrsbeschränkungen erfahren und nähere Informationen über bestimmte Binnenschifffahrtsstraßen erhalten?

●●
Bei den Dienststellen der Wasser- und Schifffahrtsverwaltung und der Wasserschutzpolizei.

Prüfungsfrage 6
Bei welchen Dienststellen erhalten Sie nähere Informationen über Sondervorschriften auf bestimmten Wasserstraßen?

●
Bei den Dienststellen der Wasser- und Schifffahrtsverwaltung und der Wasserschutzpolizei.

Prüfungsfrage 7
Wer überwacht die Befolgung der schifffahrtspolizeilichen Vorschriften?

●●
- Die Wasserschutzpolizei.
- Die Wasser- und Schifffahrtsverwaltung.

Prüfungsfrage 8
Wer ist auf einem Fahrzeug für die Befolgung der schifffahrtspolizeilichen Vorschriften verantwortlich?

●
Der Schiffsführer.

Prüfungsfrage 9
Was ist zu tun, wenn vor Antritt der Fahrt nicht feststeht, wer Schiffsführer ist?

●●
Wenn nicht feststeht, wer Schiffsführer ist und wenn mehrere Personen zum Führen eines Fahrzeugs berechtigt sind, haben sie vor Antritt der Fahrt zu bestimmen, wer verantwortlicher Schiffsführer ist.

Prüfungsfrage 10
Wie hat sich ein Schiffsführer zu verhalten, wenn er durch Übermüdung, Einwirkung von Alkohol, Medikamenten oder Drogen beeinträchtigt ist?

●
Er darf das Fahrzeug nicht führen.

Prüfungsfrage 11
Wie lautet die Grundregel für das Verhalten im Verkehr auf den Binnenschifffahrtsstraßen?

●●●
Alle Verkehrsteilnehmer haben Vorsichtsmaßnahmen zur sicheren Führung des Fahrzeugs zu treffen, damit kein anderer geschädigt, gefährdet oder mehr als nach den Umständen unvermeidbar behindert oder belästigt wird.

Prüfungsfrage 12
Wann darf man von der Grundregel für das Verhalten im Verkehr auf den Binnenschifffahrtsstraßen abweichen?

●●●
Bei unmittelbar drohender Gefahr müssen die Schiffsführer alle Maßnahmen treffen, die die Umstände gebieten, auch wenn sie dadurch gezwungen sind, von den geltenden Bestimmungen abzuweichen.

Prüfungsfrage 13
Wozu ist der Schiffsführer jedes Fahrzeugs verpflichtet, wenn sich in seiner Nähe ein Unfall ereignet?

Jeder Schiffsführer ist verpflichtet, unverzüglich Hilfe zu leisten, so weit das mit der Sicherheit seines eigenen Fahrzeugs zu vereinbaren ist. Er ist als Beteiligter auch verpflichtet, die Feststellung seiner Person, seines Fahrzeugs und die Art seiner Beteiligung zu ermöglichen.

Prüfungsfrage 14
Wie hat sich der Schiffsführer bei einem Unfall mit drohender Gefahr für die Sicherheit der an Bord befindlichen Personen zu verhalten?

Der Schiffsführer muss alle Maßnahmen treffen, die die Umstände zur Abwendung der Gefahr erfordern.

Prüfungsfrage 15
Wie verhalten Sie sich nach einem Zusammenstoß?

Grundsätzlich erste Hilfe leisten, Fahrzeug aus dem Fahrwasser bringen, erforderliche Daten beteiligter Personen und Fahrzeuge notieren. Erforderlichenfalls Wasserschutzpolizei oder andere zuständige Stellen verständigen.

Prüfungsfrage 16
Worauf ist bei Hochwasser besonders zu achten?

1. Geschwindigkeitsbegrenzungen.
2. Eventuelle Begrenzung der Fahrwasserbreite.
3. Sprechfunk auf Empfang schalten.
4. Eventuelles Fahrverbot beachten, insbesondere bei Überschreiten der Hochwassermarke I, ohne Sprechfunk (Rhein, Oder).

Prüfungsfrage 24
Welche Kennzeichnungsarten für Sportboote gibt es?

1. Amtliche Kennzeichen.
2. Amtlich anerkannte Kennzeichen.
3. Für Boote, die nicht kennzeichnungspflichtig sind, auch Kennzeichnung mit seinem Namen und dem Namen und der Anschrift des Eigentümers.

Prüfungsfrage 25
Weiche Stelle ist für die Zuteilung eines amtlichen Kennzeichens für Sportboote zuständig?

●
Jedes Wasser- und Schifffahrtsamt.

Prüfungsfrage 26
Woraus bestehen die amtlich anerkannten Kennzeichen?

● ●
1. Nummer des Internationalen Bootsscheins,
2. gefolgt vom Kennbuchstaben der ausstellenden Organisation.

Prüfungsfrage 27
Wie muss die Kennzeichnung an einem Sportboot angebracht werden?

● ●
Beidseits des Bugs oder am Heck, 10 cm hohe Schrift (lateinische Buchstaben, arabische Ziffern) in dunkler Farbe auf hellem Grund oder in heller Farbe auf dunklem Grund.

Prüfungsfrage 28
Wann muss ein Wassersportfahrzeug in das Binnenschiffsregister eingetragen werden?

●
Ab 10 m³ Wasserverdrängung.

Prüfungsfrage 402
Welche Voraussetzungen muss der Rudergänger eines Sportbootes mit Antriebsmaschine erfüllen?

●
Er muss mindestens 16 Jahre alt und geeignet sein.

Prüfungsfrage 403
Sie fahren als Schiffsführer ein Kleinfahrzeug mit 10-PS-Motor. Es sind mehrere Personen an Bord.
1. **Dürfen Sie das Ruder auch einer Person überlassen, die nicht im Besitz eines Führerscheins ist?**
2. **Was ist dabei zu beachten?**

●
1. Ja.
2. Der Rudergänger muss geeignet und mindestens 16 Jahre alt sein.

Prüfungsfrage 500
Auf welchen Gewässern ist die Fahrerlaubnis für Sportboote unter Segel erforderlich?

●
Auf bestimmten Gewässern in und um Berlin.

Ausweispapiere/Sprechfunk/Hafen

Geltungsbereich des Sportbootführerscheins Binnen
Der Sportbootführerschein Binnen gilt auf allen deutschen Binnenschifffahrtsstraßen und berechtigt zum Führen von Sportbooten bis 15 m Länge. Vorgeschrieben ist er für Sportboote mit mehr als 3,68 kW (5 PS) Motorleistung (Ausnahmen in Berlin).

Anforderungen für den Führerscheins
Das vorgeschriebene Mindestalter für den Erwerb des Sportbootführerscheins Binnen unter Motor beträgt 16 Jahre, unter Segel 14 Jahre. Ausreichendes Hör-, Seh- und Farbunterscheidungsvermögen und Zuverlässigkeit sowie körperliche und geistige Tauglichkeit sind Voraussetzungen, um den Führerschein zu erlangen. Der Führerschein kann entzogen werden, wenn körperliche oder geistige Tauglichkeit nicht mehr gegeben ist oder der Inhaber des Führerscheins durch sein Verhalten sich als unzuverlässig erwiesen hat.

Sprechfunk
Eine Sprechfunkanlage an Bord hat viele Vorteile. Vor jeder Schleuse, Hub- oder Drehbrücke und Häfen stehen normalerweise blaue Hinweisschilder mit den entsprechenden Funkkanälen, auf denen man sich melden und Informationen erfragen kann.

Hafen
Hafenanlagen der gewerblichen Schifffahrt gleichen oft vom Wasser aus gesehen einem Labyrinth. Zudem sind hier Hafenpolizeiverordnungen zu beachten, unter Umständen brauchen Sie eine Einfahrtgenehmigung oder sie sind für die Sportschifffahrt gesperrt. In jedem Fall sind die Geschwindigkeitsbegrenzungen einzuhalten und wie in jedem Hafen Sog und Wellenschlag zu vermeiden.

Prüfungsfrage 29
Welche Papiere muss der Führer eines Sportbootes unter Antriebsmaschine mit mehr als 3,68 kW mit sich führen?

●●
1. Den Führerschein.
2. Den Nachweis über die Kennzeichnung.

Prüfungsfrage 30
Welche fernmelderechtlichen Voraussetzungen sind bei Sprechfunkanlagen zu beachten?

●●
1. Die Anlage muss zugelassen sein und der Regionalen Vereinbarung über den Binnenschifffahrtsfunk entsprechen.
2. Die Anlage darf nur eine Person mit Sprechfunkzeugnis bedienen.

Prüfungsfrage 31
Sie haben Sprechfunk an Bord. Was unternehmen Sie bei Annäherung an eine Schleuse?

●
Entsprechenden Kanal schalten und bei der Schleuse melden.

Prüfungsfrage 32
Was ist beim Anlaufen von Häfen zu beachten?

●●●
1. Hafenpolizeiverordnung.
2. Sog und Wellenschlag vermeiden.
3. Geschwindigkeitsbegrenzungen beachten.
4. Eventuell erforderliche Genehmigung einholen.

Prüfungsfrage 34
Für welche Sportboote ist der Sportbootführerschein Binnen gesetzlich vorgeschrieben?

●●●
Für Sportboote von mehr als 3,68 kW (5 PS) Motorleistung und weniger als 15 m Länge. Auf bestimmten Gewässern im Großraum Berlin für alle Sportboote mit Maschinenantrieb und für Segelfahrzeuge und Segelsurfbretter mit mehr als 3 m² Segelfläche.

Prüfungsfrage 35
Auf welchen Gewässern gilt der Sportbootführerschein Binnen?

●
Auf den Binnenschifffahrtsstraßen.

Prüfungsfrage 36
Wann wird der Sportbootführerschein Binnen entzogen?

●●
Wenn der Inhaber nicht mehr tauglich ist oder sich durch sein Verhalten im Verkehr als unzuverlässig erwiesen hat.

Prüfungsfrage 400
Welche Voraussetzungen muss der Führer eines Sportbootes mit einer Antriebsleistung von mehr als 3,68 kW (5 PS) und weniger als 15 m Länge auf Binnenschifffahrtsstraßen erfüllen?

●●
Er muss im Besitz des Sportbootführerscheins Binnen oder eines gleichgestellten Befähigungsnachweises sein. Auf den Binnenschifffahrtsstraßen des innersten Ringes in Berlin auch für Sportboote mit weniger als 3,69 kW (5 PS).

Prüfungsfrage 401
Welchen Anforderungen muss der Fahrzeugführer eines Sportbootes unter 15 m Länge
1. **generell,**
2. **falls ein Motor unter 3,69 kW vorhanden ist,**
3. **falls ein Motor von mehr als 3,68 kW vorhanden ist, entsprechen?**

●●●
1. Er muss gesundheitlich, charakterlich und fachlich geeignet sein.
2. Mindestalter 16 Jahre. Auf den Binnenschifffahrtsstraßen des innersten Ringes in Berlin Sportbootführerschein Binnen oder ein gleichwertiges Befähigungszeugnis.
3. Sportbootführerschein Binnen oder gleichwertiges Befähigungszeugnis.

Jollen

Schwert und Ruder
Im Gegensatz zu einer Yacht kann bei einer Jolle Schwert und Ruder aufgeholt werden. Auf einem Vorwindkurs verringert sich dadurch die Gefahr einer Kenterung durch eine unfreiwillige Halse (Patenthalse). Zudem vermindert das Aufholen von Schwert und Ruder den Reibungswiderstand und die Jolle wird dadurch schneller. Auf einem Amwindkurs das Schwert leicht aufzuholen, vermindert die Krängung, dafür nimmt aber die Abdrift zu.

An einer Boje liegen
Lässt man das Boot an einer Boje liegen, nimmt man ebenfalls Schwert und Ruder hoch, damit das Boot sich mit möglichst wenig Widerstand frei im Wind drehen kann (schwojen).

Lenzklappe
Jollen haben unterhalb der Wasserlinie zwei Lenzventile. Während der Fahrt kann damit durch die Sogwirkung Wasser aus dem Bootsinnern abgelassen werden. Vermindert sich die Fahrt des Boots, schließen sich die Ventile automatisch durch den Wasserdruck von außen.

Jollen

Mitten im Regattafeld

Gerät man mit seinem Boot ins Feld einer Segelregatta, ohne selbst Teilnehmer zu sein, gelten die normalen Ausweichregeln der Binnenschifffahrtsstraßen-Ordnung.

Prüfungsfrage 567
Wie sollte das Schwert einer Jolle auf Vorwindkurs gefahren werden und warum?

●●
Es sollte aufgeholt werden. Dadurch vermindert sich der Reibungswiderstand, aber auch die Gefahr der Kenterung bei einer unfreiwilligen Halse.

Prüfungsfrage 568
Wie verändern sich Abdrift und Krängung, wenn Sie das Schwert einer Jolle auf einem Amwindkurs etwas aufholen?

●●
Die Abdrift wird größer, die Krängung nimmt ab.

Prüfungsfrage 586
Was tun Sie mit Schwert und Ruder einer Jolle, wenn Sie das Boot an einer Boje liegen lassen?

●●
Schwert und Ruderblatt aufholen, damit das Boot frei schwojen kann.

Prüfungsfrage 556
Wodurch wirken die Bodenlenzventile einer Jolle, die unterhalb der Wasserlinie liegen?

●
Durch den Sog, der bei der Fahrt durchs Wasser entsteht.

Prüfungsfrage 502
Sie geraten ins Feld einer Segelregatta, ohne selbst Teilnehmer zu sein. Welche Ausweichregeln sind zu beachten?

●
Die der Binnenschifffahrtsstraßen-Ordnung.

Manöver

Kein Buch ersetzt eine praktische Ausbildung. Eine Segelschule in Ihrer Nähe zu finden, ist kein Problem und die teuerste Segelbekleidung muss es auch nicht sein. Wichtiger ist es, Spaß und Freude am Segeln zu haben. Selbst wenn Sie später auch alleine segeln, während der Ausbildung teilen Sie sich die Aufgaben. Der Vorschoter bedient die Fock, der Rudergänger steuert, gibt die Kommandos und bedient das Großsegel. Der Rudergänger sitzt immer in Luv, der Vorschoter bei wenig Wind in Lee.

In der Praxis sind Manöver Teamarbeit. Ein eingespieltes Team verzichtet vielleicht auf die üblichen Kommandos, in der Ausbildung sind sie unerlässlich. Verpatzte Manöver sind keine Schande, man versucht es ein zweites oder drittes Mal. Nur den Aufschießer sollte man nicht gegen den Steg üben, eine Boje reicht auch.

Eine Wende werden Sie schon in der ersten Segelstunde fahren, eine Halse noch nicht. Ansonsten wird Ihnen Ihr Segellehrer alles Wissenswerte beibringen, aber auf einer Jolle müssen Sie bei jeder Wende und jeder Halse und beim Schiften den Kopf einziehen.

Vielleicht werden Sie auch eines Tages sagen, auf einer großen Yacht ist alles einfacher als auf einer kleinen, schnell reagierenden Jolle. Mag sein, die Manöver sind jedenfalls die Gleichen.

Prüfung
Lassen Sie sich in der Prüfung durch nichts nervös machen. Fahren Sie die Manöver ganz ruhig. In der Prüfung wird nicht mehr verlangt, als Sie in Ihrer Ausbildung gelernt haben und die Knoten kann man auch sonst gebrauchen, nicht nur zum Segeln.

Manöver auf einen Blick

Die **Wende** und die **Q-Wende** sind Manöver, bei denen der Bug durch den Wind dreht und beide Segel die Seite wechseln. Beim **Aufschießer** und dem **Beinahe-** oder **Nahezuaufschießer** soll das Boot zum Stillstand kommen, indem man den Bug in den Wind dreht und die Segel killen lässt. Bei der **Halse** dreht das Heck durch den Wind, die Segel wechseln auf die andere Seite. Ohne Richtungswechsel werden auf einem Vorwindkurs beim **Schiften** die Segel auf die andere Seite genommen.

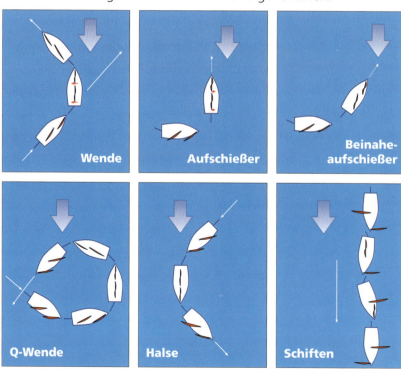

Mit dem Bug durch den Wind: die Wende

Um eine Wende zu fahren, braucht das Boot eine gewisse Grundgeschwindigkeit, da für einen kurzen Moment die Antriebswirkung der Segel aussetzt und das Boot durch den Ruderausschlag und die Drehung mehr Wasserwiderstand erzeugt.

Auch nach einer Wende bleibt das Boot auf einem Amwindkurs. Ein kurzes Festhalten der übergehenden Fock hilft, die Drehbewegung des Boots zu beschleunigen.

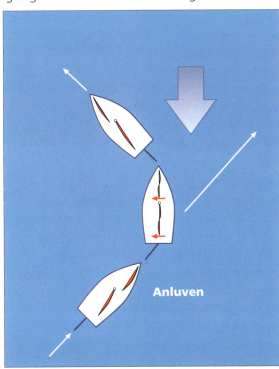

Anluven

Kommandos:

Rudergänger:
„Klar zur Wende!"

Vorschoter:
„Fock ist klar!"

Rudergänger:
„Ree!"
„Über die Segel!"

Mit dem Bug durch den Wind: die Q-Wende

Ausgehend von einem Raumschotkurs, durch Anluven und Dichterholen der Segel über einen Halbwindkurs auf einen Amwindkurs wechseln, eine Wende fahren und durch Abfallen und Fieren der Segel wieder auf einen Raumschotkurs zurückkehren.

Mit einer Q-Wende umgeht man die – vor allem bei viel Wind – schwieriger zu fahrende Halse.

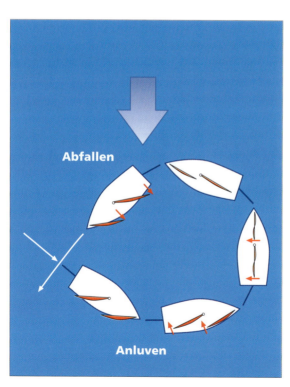

Kommandos:

Rudergänger:
„Klar zur Q-Wende!"

Vorschoter:
„Ist klar!"

Rudergänger:
„Ree!"
„Über die Segel!"

Mit dem Bug in den Wind: der Aufschießer

Mit einem Aufschießer stoppt man ein Boot, indem man den Bug in den Wind dreht und die Segel killen lässt. Ausgehend von einem Halbwindkurs (der scheinbare Wind fällt leicht vorlicher ein als querab), hart anluven und das Boot gegen den wahren Wind stellen. Je stärker der Wind, umso kürzer ist die Auslaufstrecke. Ein schweres Boot braucht auf Grund seiner größeren Masse eine längere Strecke.

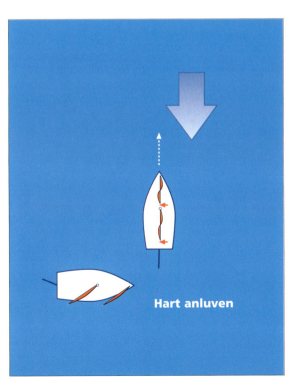

Kommandos:

Rudergänger:
„Klar zum Aufschießer!"

Rückmeldung:
„Schoten sind klar!"

Rudergänger:
„Schoten los!"

Mit dem Bug in den Wind: Beinaheaufschießer

Mit einem Beinahe- oder Nahezuaufschießer erreicht man das Gleiche wie mit einem Aufschießer, hat aber die Möglichkeit, wenn die Restfahrt nicht ausreicht, die Fahrt nochmals aufzunehmen.

Durch kurzes Dichtholen des Segels – das Boot darf noch nicht zum Stillstand gekommen sein – Fahrt aufnehmen. Die Auslaufstrecke beträgt etwa 3-4 Bootslängen.

Kurzes Dichtholen des Segels verlängert die Auslaufstrecke

Anluven

Kommandos:

Rudergänger:
„Klar zum Beinaheaufschießer!"

Rückmeldung:
„Schoten sind klar!"

Rudergänger:
„Schoten los!"

Mit dem Heck durch den Wind: die Halse

Die Halse ist bestimmt das schwierigste Manöver, vor allem bei viel Wind. Das Heck geht durch den Wind und der Baum legt dabei einen weiten Weg zurück. Im letzten Teil des Manövers, wenn das Großsegel auf die neue Seite übergeht, erhält das Boot eine Drehtendenz nach Luv, die man mit Gegenruder ausgleichen muss. Erfasst der Wind das Großsegel auf der neuen Seite, muss die Großschot sofort gefiert werden.

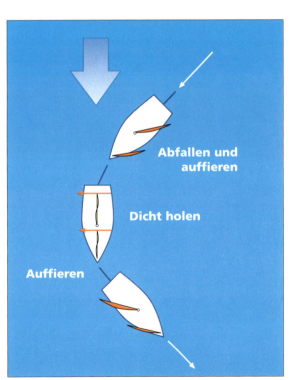

Kommandos:

Rudergänger:
„Klar zur Halse!"

Rückmeldung:
„Ist klar!"

Rudergänger:
„Fier auf die Schoten!"

„Hol dicht die Großschot!"

„Rund achtern!"

„Fier auf die Großschot!"

Mit dem Heck durch den Wind: die Halse

Die Halse übt man am besten erst bei wenig Wind. Bei einer Zweimanncrew kommt vor allem auf den Rudergänger einiges zu. Er steuert, bedient die Großschot und wechselt gleichzeitig die Seite und muss dabei noch den Kopf einziehen. Deshalb bereitet er sich speziell auf die Halse vor. Muss er bei der Halse von der Steuerbord- auf die Backbordseite wechseln, nimmt er die Großschot in die linke Hand und hält gleichzeitig die Pinne fest. Danach greift er mit der rechten Hand hinter dem Rücken durch und hält die Pinne fest. In der linken Hand hat er jetzt nur noch die Großschot.

Erst jetzt kann er mit dem Manöver beginnen.

Manöver
Segel auf die andere Seite: Schiften

Dreht der Wind auf einem Vorwindkurs oder möchte man vom Vorwind- auf einen Raumschotkurs wechseln, muss das Großsegel auf die andere Seite genommen werden. Wechselt man, um Wegerecht zu haben, von Steuerbord- auf Backbordbug, geht erst das Großsegel und dann das Vorsegel auf die andere Seite. Wie bei der Halse muss der Rudergänger Gegenruder geben.

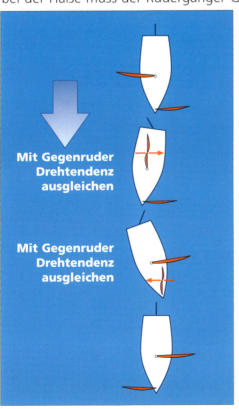

Mit Gegenruder Drehtendenz ausgleichen

Mit Gegenruder Drehtendenz ausgleichen

Kommandos:

Rudergänger:
„Klar zum Schiften der Segel!"

Rückmeldung:
„Ist klar!"

Rudergänger:
„Hol dicht Großsegel!"

„Fier auf Großschot!"

„Über die Fock!"

Mann-über-Bord-Manöver

1. Mann über Bord rufen und Rettungsring werfen.
2. Abfallen, nach 2-3 Bootslängen Q-Wende fahren.
3. Beinaheaufschießer.
4. Den Überbordgefallenen in Luv oder übers Heck bergen.

Ein Überbordgefallener sollte sich sofort durch Rufen oder mit der Signalpfeife (hängt an jeder Rettungsweste) bemerkbar machen, seine Kleidung anbehalten (Schutz gegen Unterkühlung) und seine Kräfte schonen, indem er unnötiges Schwimmen vermeidet. Hat man ihm einen Rettungsring zugeworfen, darauf zuschwimmen und daran festhalten.

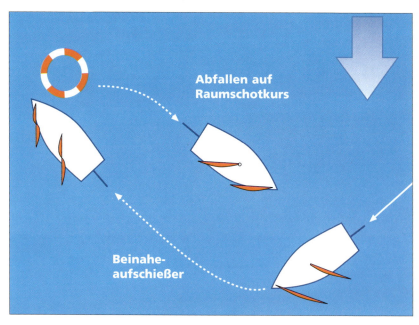

Manöver mit der Q-Wende

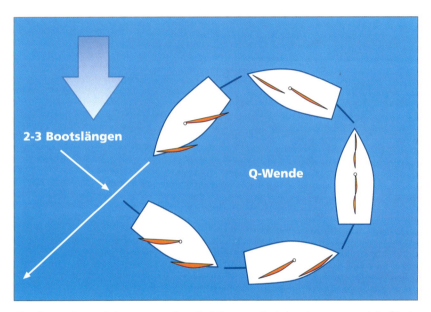

2-3 Bootslängen

Q-Wende

Sind genügend Leute an Bord, kümmert sich einer ausschließlich darum, den Überbordgefallenen nicht aus den Augen zu verlieren und zeigt dem Rudergänger mit ausgestrecktem Arm die Richtung zum Überbordgefallenen an. Beim Anfahren meldet derjenige regelmäßig dem Rudergänger die Distanz (noch zwei, noch eine Bootslänge). Beim Aufstoppen muss das Boot in Lee des Überbordgegangenen zum Stillstand kommen. Normalerweise versucht man, ihn in Luv oder übers Heck wieder ins Boot zu bekommen. In Lee besteht bei einer Jolle die Gefahr des Kenterns, zudem behindern Baum und Großschot das Unterfangen.

(Siehe auch „Mann über Bord" im Kapitel „Motor" auf Seite 228-230.)

Prüfungsfrage 569
Welche Manöver hat das Boot auf dem eingezeichneten Kurs an den Punkten 1, 2 und 3 gefahren?

●●●
1. Wende.
2. Halse.
3. Q-Wende.

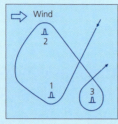

Prüfungsfrage 570
Welche Manöver sind bei den Punkten 1, 2 und 3 zu fahren und welche Kurse zum Wind liegen auf den Strecken a, b und c an?

●●●
1. An den Wind gehen.
2. Halse.
3. Wende.
a Raumwind.
b Halbwind.
c Am Wind.

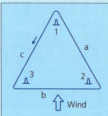

Prüfungsfrage 571
Von welchen Faktoren ist die Länge eines Aufschießers abhängig?

●●
Geschwindigkeit, Form und Gewicht des Bootes; Wind, Seegang, Strömung.

Prüfungsfrage 590
Warum soll der Rudergänger auch auf der Jolle bei allen Manövern, besonders aber bei Halsen, klare Kommandos geben und Rückmeldungen verlangen?

●●
Aus Sicherheitsgründen, um Verletzungen und Kenterungen zu vermeiden und den sauberen Ablauf des Manövers sicherzustellen.

Prüfungsfrage 593
An welcher Stelle des Bootes wird ein Überbordgefallener wieder an Bord genommen?

●●
Je nach Bootstyp an der Luvseite oder über das Heck. In Lee besteht Kentergefahr und Behinderung durch die Großschot.

Manöver

Ablegen und Anlegen

An- und Ablegen bei ablandigem Weg bereitet keine Schwierigkeiten. Der Wind drückt das Boot beim Ablegen vom Steg weg, beim Anlegen mit dem Aufschießer wirkt er als Bremse.

Beim Ablegen mit auflandigem Wind erst die Windrichtung feststellen und die Windstärke prüfen. Hat man sich ein Ablegemanöver überlegt, bespricht man es mit seinen Mitseglern. In unserem Beispiel – der Wind fällt querab ein und drückt das Boot gegen den Steg – bietet sich folgende Möglichkeit an:
– Achterleine auf Slip legen und Vorleine wegnehmen.
– Heck abfendern, Bug vom Steg wegdrücken, Achterleine los und sofort die Fockschot dicht holen, damit das Boot Fahrt aufnimmt.
– Nach einigen Bootslängen aufschießen und erst jetzt das Großsegel setzen.

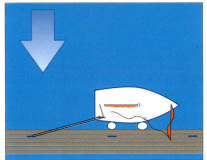 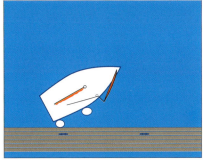

Will man bei gleichen Windverhältnissen längsseits am Steg anlegen, ist es ratsam, erst das Großsegel zu bergen und das Anlegemanöver nur mit der Fock zu fahren. Mit killender Fock fährt man parallel zum Steg, bei viel Wind mit reichlich Abstand.

Ablegen und Anlegen

Das Boot seitlich abfendern, gegen den Steg treiben lassen und mit Vor- und Achterleine fest machen.

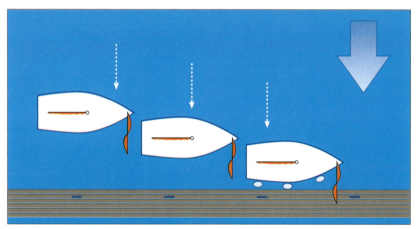

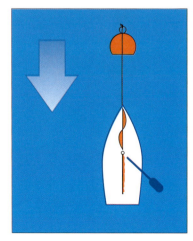

Liegt in der Nähe des Stegs eine Boje, paddelt man dahin, macht daran fest und lässt mit aufgeholtem Schwert das Boot achteraus treiben. Hier kann man in Ruhe die Segel setzen, das Schwert wieder runterlassen und durch Abfallen Fahrt aufnehmen.

Bei der Rückkehr an der Boje aufschießen, festmachen, Schwert aufholen, die Segel bergen und zum Steg zurückpaddeln.

Patenthalse und Bruch des Riggs

Die Patenthalse – von allen Seglern gefürchtet – ist kein Manöver, sondern eine unfreiwillige Halse, bei der der Baum auf einem Vorwindkurs unkontrolliert auf die andere Seite schlägt. Der Baum legt dabei einen weiten Weg über die Köpfe der Segler zurück. Nebst der großen Verletzungsgefahr und der Gefahr des Überbordfallens für die Crew kann eine Patenthalse auch zum Bruch des Masts führen, bei einer Jolle auch zur Kenterung. Der Vorschoter kann zwar während des Halsemanövers oder beim Schiften den Baum abstützen, gegen ein plötzliches, unkontrolliertes Übergehen des Baums ist auch er machtlos. Auf Jollen wird die Großschot immer „aus der Hand gefahren". Rechtzeitige und klare Kommandos sowie Rückmeldungen bieten die beste Möglichkeit, die einzelnen Abläufe eines Manövers kontrolliert und überlegt durchzuführen.

Mehr theoretischer Natur sind die Prüfungsfragen 588 und 589. Bricht ein Luvwant oder das Vorstag auf einem Amwindkurs, ist mit höchster Wahrscheinlichkeit der Mast nicht mehr zu retten. Sollte wider Erwarten doch eine provisorische Reparatur möglich sein, müssten in jedem Fall erst die Segel heruntergenommen werden. Ob davor, wie in den Modellantworten beschrieben, noch Manöver gefahren werden können, ist fraglich. Belastete Wanten und Stagen stehen unter enormer Belastung, ein Bruch derselben ist mit einem lauten Knall verbunden. Die Schoten sofort loszulassen, um auch sofort den Druck aus dem Segel zu nehmen, wäre eine Möglichkeit, um zu verhindern, dass der Mast bricht. Eine gelegentliche Kontrolle der Stagen, Wanten und Wantenspanner und ihr Ersetzen bei ersten Anzeichen von Schäden ist vermutlich der realistischere Weg, solche Situationen zu vermeiden.

Aufrichten einer gekenterten Jolle

Eine Kenterung, wenn's denn schon mal passiert ist, sollte man unter „sportliche Aktivitäten" einsortieren. Wenn man hinterher auch noch weiß, weshalb das Boot gekentert ist, umso besser. Hauptsache, niemandem ist etwas passiert. Portmonee, Autoschlüssel und Handy lässt man sowieso besser an Land.

Als Erstes prüft man, ob die ganze Mannschaft rund ums Boot schwimmt und niemand unters Segel geraten ist. Einer stellt sich aufs Schwert – damit kann das Boot auch nicht durchkentern – hält sich an einer Leine fest und verlagert das Gewicht nach außen. Damit das Boot nach dem Aufrichten nicht gleich Fahrt aufnimmt, löst der andere vorher alle Schoten und dreht den Bug in den Wind. Richtet sich das Boot wieder auf, klettert jeder von seiner Seite ins Boot. Normalerweise schafft das eine Zweimanncrew. Durch das Wasser im Boot ist eine Jolle instabil, also erst ausschöpfen, bevor man weitersegelt.

Was man nach einer Kenterung nicht macht

Niemand schwimmt vom Boot weg, auch wenn die Crew es nicht schafft, die Jolle wieder aufzurichten. Ein gekentertes Boot finden Retter leichter als einzelne Schwimmer. Zudem unterschätzt man Entfernungen auf dem Wasser, eigene Kräfte überschätzt man leicht. Eine Jolle schwimmt und dient allen als Rettungsinsel, man kann sich daran festhalten oder draufklettern und Notsignale geben (Heben und Senken der ausgestreckten Arme).

Prüfungsfrage 587
Welche Gefahren entstehen bei einer unfreiwilligen Halse (Patenthalse) und durch welche Maßnahme kann dies der Vorschoter einer Jolle leicht vermeiden?

●●
Kentergefahr, Verletzungsgefahr, Überbordgehen, Mastbruch. Der Vorschoter kann den Baum mit der Hand abstützen.

Prüfungsfrage 588
Sie segeln am Wind, plötzlich bricht das Luvwant.
1. Was tun Sie sofort?
2. Womit kann man das gebrochene Want provisorisch ersetzen?

●●
1. Wenden, um die unverstagte Seite des Masts zu entlasten.
2. Durch ein Fall oder die Dirk.

Prüfungsfrage 589
Sie segeln bei starkem Wind nur unter Großsegel auf Amwindkurs. Plötzlich bricht das Vorstag.
1. Was tun Sie sofort?
2. Womit kann man das gebrochene Vorstag provisorisch ersetzen?

●●
1. Abfallen auf Vorwindkurs.
2. Durch die Fock oder ein Fall.

Prüfungsfrage 594
Warum muss eine nach einer Kenterung wieder aufgerichtete Jolle als Erstes gelenzt werden?

●
Weil sie sonst instabil ist und leicht wieder kentern kann.

Prüfungsfrage 595
Wie verhalten Sie sich, wenn Sie mit Ihrer Jolle gekentert sind und Sie sie nicht wieder aufrichten können? Was sollten Sie auf keinen Fall tun?

●●●
Vollständigkeit der Mannschaft überprüfen, gegebenenfalls Hilfe leisten. Am Boot festhalten oder gegebenenfalls aufs Boot legen. Hilfe abwarten. Nie versuchen, schwimmend das Ufer zu erreichen!

Prüfungsfrage 596
Warum dürfen Sie von der Jolle nicht wegschwimmen, wenn sie gekentert ist und sich nicht wieder aufrichten lässt?

Weil Entfernungen auf dem Wasser meist unter-, eigene Kräfte überschätzt werden. Außerdem finden Retter ein Boot leichter als einen Schwimmer.

Motor

Antriebsarten

Grundsätzlich unterscheiden sich Bootsmotoren dadurch, ob sie als Außenbordmotor am Heck befestigt werden oder als Innenbordmotor fest im Bootsrumpf eingebaut sind. Verbrennungsmotoren unterscheiden sich nicht nur durch den unterschiedlichen Kraftstoff (Benzin für Ottomotoren, Dieselkraftstoff für Dieselmotoren), auch durch die Art und Weise, wie und wo das Luft-/Kraftstoffgemisch gebildet wird.

Ein **Dieselmotor** bildet das Gemisch im Inneren des Motors, Luft wird komprimiert – und dadurch erhitzt – und entzündet sich mit dem eingespritzten Dieselöl. Deshalb braucht der Dieselmotor eine Brennstoffpumpe und eine Brennstoffdüse, aber keine störanfällige elektrische Zündanlage. Generell kann man sagen, ein Dieselmotor ist zwar schwerer als ein Benzinmotor, teurer in der Anschaffung, aber verbrauchs- und wartungsärmer und sehr zuverlässig.

Ein **Ottomotor** bildet das Luft-/Kraftstoffgemisch im Vergaser oder durch Einspritzung im Ansaugrohr, also noch vor der Komprimierung und Zündung durch die Zündkerze im Zylinder. Ein Ottomotor ist in der Anschaffung zwar kostengünstiger, aber wartungsintensiver als ein Dieselmotor. Da Benzindämpfe schwerer als Luft sind, bergen Ottomotoren als Innenbordmotoren eine nicht unerhebliche Explosionsgefahr. Bei den Ottomotoren unterscheidet man nach ihrer Arbeitsweise zwischen Zwei- und Viertaktmotoren. Ein **Zweitakter** benötigt ein Öl-/Benzingemisch und schmiert damit die beweglichen Teile, während der **Viertakter** reines Benzin verbrennt und sich das Öl in einer Ölwanne befindet. Eine Ölpumpe transportiert das Öl und versorgt die zu schmierenden Teile.

Motor

Antriebsarten

Beim Viertakter kontrolliert man regelmäßig den Ölstand und wechselt von Zeit zu Zeit Öl und Ölfilter. Beim Zweitakter entfällt das. Wenn aus Platz- oder Gewichtsgründen kein Motor eingebaut werden kann, sind Außenbordmotoren trotz einiger Nachteile – geringere Schubkraft, ungünstigere Abgaswerte beim Zweitakter – eine Alternative.

Innenbordmotor mit Wendegetriebe und starrer Welle

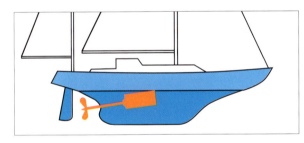

Konventionelle Anlage mit starrer Welle und Wendegetriebe. Steuerung mit normalem Ruder.

Z-Antrieb

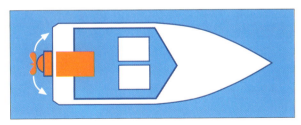 

Zum Manövrieren wird der gesamte Antrieb und damit die Richtung des Schraubenstrahls verändert. Der gesamte, ins Wasser reichende Teil kann hochgeklappt werden. Typischer Einsatz bei Motorbooten für die Gleitfahrt.

Motor

Antriebsarten

Jetantrieb

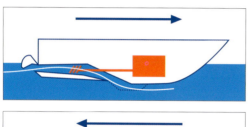

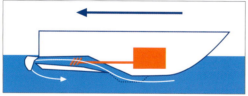

Das Wasser wird angesaugt und durch eine steuerbare Wasserstrahldüse ausgestoßen. Eine Strahlumlenkvorrichtung ermöglicht es, auch rückwärts (achteraus) zu fahren. Der Jetantrieb eignet sich besonders für Boote im Flachwasserbereich.

Außenbordmotor

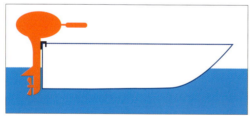

Wird mit Klemmen an den Spiegel des Bootes gehängt. Vor dem Starten muss das Getriebe ausgekuppelt und die Belüftungsschraube im Tankdeckel geöffnet werden. Auskuppeln deshalb, weil das Boot ruckartig anfahren würde und die Gefahr des Überbordfallens besteht und das Boot führerlos würde. Die geöffnete Belüftungsschraube verhindert ein Vakuum im Tank, sonst würde der Motor nach kurzer Fahrt stehen bleiben. Vor dem Hochklappen eines Außenborders schließt man die Kraftstoffzufuhr, lässt ihn im Leerlauf weiterlaufen, bis die Restmenge in den Leitungen verbraucht und der Motor zum Stillstand gekommen ist, ansonsten besteht die Gefahr, dass Benzin auslaufen und ins Wasser gelangen könnte.

Prüfungsfrage 419
Welche Verbrennungsmotoren kommen als Bootsantriebe in Frage:
1. Nach der Kraftstoffart?
2. Nach den Arbeitsverfahren?

1. Diesel- und Benzinmotoren.
2. Zwei- und Viertaktmotoren.

Prüfungsfrage 420
Welche Motor- und Antriebsarten kennen Sie bei Motorbooten?

1. Außenbordmotoren.
2. Innenbordmotoren mit Z- oder Strahlantrieb.
3. Innenbordmotoren mit Wendegetriebe und starrer Welle.

Prüfungsfrage 428
Worauf müssen Sie beim Starten des Motors achten, um zu verhindern, dass das Boot unkontrolliert und ruckartig anfährt?

Beim Starten muss die Schaltung auf „neutral" (Leerlauf) stehen, da sonst der Propeller (Schraube) sofort mitdreht.

Prüfungsfrage 429
Warum darf der Propeller (Schraube) beim Starten nicht sofort mitdrehen?

●
Weil dadurch besonders ein kleineres Boot ruckartig anspringen würde, wodurch Personen über Bord fallen und verletzt werden könnten.

Prüfungsfrage 434
Ein kleiner Außenborder mit eingebautem Tank bleibt während der Fahrt immer wieder stehen. Was könnte die Ursache sein?

Belüftungsschraube im Tankdeckel nicht geöffnet – unsaubere Benzinleitung.

Prüfungsfrage 435
Worauf ist unbedingt zu achten, bevor Sie einen Außenborder mit Handstart anwerfen?

Vor dem Starten Propeller (Schraube) auskuppeln, da sonst das Boot ruckartig anfährt. Hierbei könnte die startende Person über Bord fallen und, falls eine weitere Person nicht an Bord ist, würde das Boot führerlos werden.

Prüfungsfrage 436
Was sollten Sie stets tun, bevor Sie nach Ende einer Fahrt den Außenborder hochkippen oder abnehmen? Begründung.

Von dem im Leerlauf drehenden Motor den Tankschlauch abnehmen bzw. Benzinhahn und Entlüftung schließen und Vergaser leer fahren, damit beim Hochkippen kein Benzin ausläuft.

Bootsmotoren

Vor dem Starten den Ölstand kontrollieren und die Tankanzeige beachten. Vor allem Dieselmotoren mögen keinen Kaltstart. Erst in die Neutralstellung schalten – bei älteren Dieselmotoren vorglühen – auskuppeln und dann starten. Ein, zwei Minuten warm laufen lassen und kontrollieren, ob Kühlwasser austritt. Tritt kein oder nur wenig Kühlwasser aus, ist der Ansaugstutzen verstopft, die Temperatur würde innerhalb kürzester Zeit ansteigen und der Motor Schaden nehmen. Alle Instrumente überwachen: Öldruck und Ladekontrolle, alle Temperaturanzeigen und Drehzahlmesser. Auch während der Fahrt ab und zu einen Blick auf die Instrumente werfen. Wird der Motor beim Einkuppeln der Welle „abgewürgt", blockiert die Schraube. Grund dafür sind meistens Tampen oder Plastikteile u. Ä. in der Schraube.

Bei Benzinmotoren vor dem Start den Maschinenraum und nach dem Tanken alle Räume lüften. Da Benzindämpfe schwerer als Luft sind, stellen sie ein explosives Gemisch dar. Der tiefste Punkt eines Schiffs ist die Bilge. Gelangen hier Öl oder Treibstoffe hinein, muss die Bilge mit saugfähigen Lappen gereinigt, anschließend gelüftet und die Lappen an Land entsorgt werden.

Tanken

Den Tank eines Außenbordmotors immer an Land nachfüllen, da sonst Dämpfe ins Bootsinnere oder Treibstoff ins Wasser gelangen kann. An der Tankstelle muss der Motor immer ausgeschaltet werden, auch die Benutzung des Funkgeräts während des Betankens ist verboten. Dass nicht geraucht wird, keine offenen Feuer mehr

Motor
Tanken/Getriebe/Wartung

brennen und keine elektrischen Schalter betätigt werden, ist eine Selbstverständlichkeit. Größere Schiffe haben einen Einfüllstutzen an Deck. Beim Einfüllen des Kraftstoffs entweicht Luft aus dem Tank durch das Entlüftungsrohr. Leert sich der Tank während der Fahrt, wird durch das gleiche Rohr Luft angesaugt, um kein Vakuum entstehen zu lassen. Die gleiche Funktion hat bei transportablen Tanks die Entlüftungsschraube am Tankdeckel. Eine eingebaute Tankanlage hat mindestens ein Absperrventil, um im Notfall die Kraftstoffzufuhr unterbinden zu können.

Getriebe
Niemals direkt von Voraus- in Achterausfahrt schalten. Oder anders gesagt: Aus der Vorausfahrt erst in die Neutralstellung schalten und warten, bis Welle und Schraube zum Stillstand gekommen sind und erst dann mit der Rückwärtsfahrt beginnen.

Wartung
Schiffsmotoren sind zuverlässig und robust, bedürfen aber dennoch einer regelmäßigen Wartung. Informationen darüber geben die Herstellerangaben. In den Betriebsanleitungen finden Sie auch eine Auflistung möglicher Störungen und Angaben zu deren Behebung. Bootsmotoren haben einen Wasserfilter (der lässt sich leicht selbst reinigen), einen Kraftstofffilter (den man öfter kontrollieren sollte) und einen Ölfilter (den man regelmäßig wechseln muss). Bei Zweitaktmotoren lässt sich mit einer regelmäßigen Wartung und einer richtigen Einstellung des Luft-/Kraftstoffgemischs die Schadstoffentwicklung verringern.

Prüfungsfrage 417
Wie kann die Schadstoffentwicklung von Bootsmotoren verringert werden?

●●
Durch die richtige Luft-Kraftstoff-Gemisch-Einstellung und durch das richtige Mischungsverhältnis bei Zweitaktmotoren.

Prüfungsfrage 418
Welche Filter sorgen für den sicheren Betrieb eines Verbrennungsmotors?

●●●
1. Wasserfilter.
2. Kraftstofffilter.
3. Ölfilter.

Prüfungsfrage 427
Was ist vor dem Anlassen des Motors zu beachten?

●●●
1. Maschinenraum lüften.
2. Kraftstoffstand prüfen, Kraftstoffhahn öffnen.
3. Schraube auskuppeln.
4. Ölstand für Motor und Getriebe prüfen.
5. Kühlwassersystem klar?

Prüfungsfrage 430
Was müssen Sie unmittelbar nach dem Anlassen des Motors kontrollieren?

●
Kühlwasserdurchfluss und Öldruck.

Prüfungsfrage 431
Wo kontrollieren Sie unmittelbar nach dem Anlassen einer größeren, eingebauten Maschine, ob diese einwandfrei arbeitet?

●●●
Ladekontrollleuchte, Öldruckkontrolle, Temperaturkontrolle, Kühlwasserthermometer, Drehzahlmesser, Kühlwasseraustritt.

Prüfungsfrage 432
Während der Fahrt sollten Sie die Maschinenanlage ständig überwachen. Worauf achten Sie besonders?

●●●
1. Kühlwasseraustritt.
2. Motor- und Getriebetemperatur.
3. Öldruck und Ladekontrolle.
4. Drehzahlmesser.

Prüfungsfrage 433
Sie haben Ihren Motor gestartet. Er läuft normal, wird aber beim Einkuppeln der Antriebswelle „abgewürgt". Was kann die Ursache sein?

●
Blockierter Propeller, z. B. Tampen oder Plastikteile u. Ä. im Propeller (Schraube).

Prüfungsfrage 421
Welche Sicherheitseinrichtung muss eine eingebaute Tankanlage mit Deckeinfüllstutzen haben?

1. Entlüftungsrohr.
2. Absperrventil.

Prüfungsfrage 422
Welche Maßnahmen treffen Sie vor und während der Treibstoffübernahme?

Motor abstellen. Kein offenes Feuer, keine elektrischen Schalter betätigen, nicht rauchen. Vorbereitungen treffen, dass eventuell übergelaufener Treibstoff sofort aufgefangen werden kann.

Prüfungsfrage 423
Weshalb muss der Tank des Außenbordmotors immer an Land nachgefüllt werden?

Um zu verhindern, dass Treibstoff oder Treibstoffdämpfe in das Bootsinnere oder Treibstoff ins Wasser gelangen.

Prüfungsfrage 424
Wie können Sie beim Tanken oder beim Ölwechsel verhindern, dass Treibstoff oder Öl in die Bilge gelangt? Was tun Sie, wenn es trotzdem geschehen ist?

Durch Verwendung eines großen Trichters bzw. einer Ölauffangwanne. Öl oder Treibstoff in der Bilge mit saugfähigen Lappen entfernen und entsorgen. Räume lüften.

Prüfungsfrage 425
Warum ist verschüttetes Benzin im Boot besonders gefährlich?

Weil die Benzindämpfe schwerer als Luft sind und in der Bilge ein explosives Gemisch bilden.

Prüfungsfrage 426
Was tun Sie, wenn Benzin in die Bilge gelangt ist?

1. Feuer und offenes Licht löschen.
2. Keine elektrischen Schalter betätigen.
3. Mit Schwamm oder Tüchern aufnehmen.
4. Bilge reinigen. Umweltschutz beachten.
5. Räume lüften.

Links und rechts drehende Schrauben

Hohe Motordrehzahlen werden über ein Getriebe auf eine wirkungsvolle Schraubendrehzahl reduziert. Das Getriebe ermöglicht auch eine Umkehr der Drehrichtung. Dreht sich die Schraube, von achtern (hinten) aus gesehen, im Vorwärtsgang gegen den Uhrzeigersinn, spricht man von einer **links drehenden Schraube**. Dreht sie sich, von achtern aus gesehen, im Uhrzeigersinn, von einer **rechts drehenden Schraube**

Eine drehende Schraube bewirkt nicht nur einen Vortrieb, sondern auch einen seitlichen Drall, der sich beim Rückwärtsfahren stärker als bei der Vorausfahrt bemerkbar macht. Dieser Drall – **Radeffekt** genannt – bewirkt ein seitliches Versetzen des Hecks. Es ist wichtig zu wissen, ob das Schiff eine links- oder rechtsgängige Schraube hat, da sich der Radeffekt beim Manövrieren ausnutzen lässt.

Stellt man sich die Schraube als ein über den Grund laufendes Rad vor, lassen sich die Auswirkungen des Radeffekts leicht merken.

Motor

Manöver mit dem Radeffekt

Links drehende Schraube

1 Vorausfahrt mit links drehender Schraube versetzt das Heck nach Backbord.
2 Achterausfahrt (Rückwärtsfahrt) mit links drehender Schraube (wird jetzt zur rechts drehenden Schraube) versetzt das Heck nach Steuerbord.

Rechts drehende Schraube

1 Vorausfahrt mit rechts drehender Schraube versetzt das Heck nach Backbord.
2 Achterausfahrt (Rückwärtsfahrt) mit rechts drehender Schraube (wird jetzt zur links drehenden Schraube) versetzt das Heck nach Backbord.

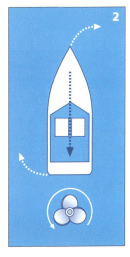

Manöver mit dem Radeffekt

Längsseits anlegen mit links drehender Schraube

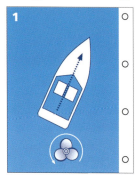 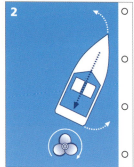 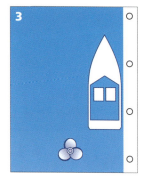

Längsseits anlegen mit rechts drehender Schraube

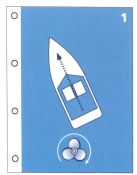 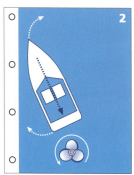 

Da der Radeffekt nicht erst bei Achterausfahrt, sondern bereits beim Aufstoppen einsetzt, wird das Heck an die Pier gezogen, ohne dass das Schiff zurücksetzt. Mit einer links drehenden Schraube legt man an Steuerbord, mit einer rechts drehenden Schraube an Backbord an.

Manöver mit dem Radeffekt

Unterschiedlich große Drehkreise

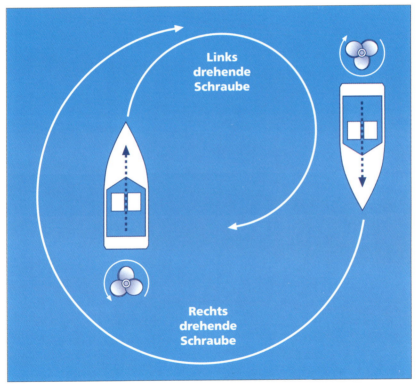

Beim Drehen oder Wenden verkleinert oder vergrößert der Radeffekt den Drehkreis ganz erheblich. Bei links drehenden Schrauben verkleinert er sich beim Drehen über Steuerbord und vergrößert sich beim Drehen über Backbord, bei rechts drehenden Schrauben genau umgekehrt.

Manöver mit dem Radeffekt Motor

„Kringel"

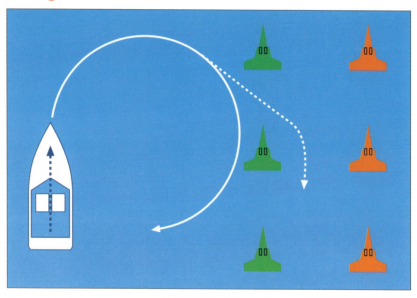

Kringeldrehen ist eine beliebte Methode, bei noch nicht geöffneter Schleuse und genügend Platz und Wassertiefe außerhalb der Fahrrinne, um einige Minuten verstreichen zu lassen. So umgeht man ein An- und Ablegemanöver, das Schiff bleibt immer in Fahrt und damit manövrierfähig. Eine Drehung um 360° unter Ausnutzung des Radeffekts bedeutet nicht nur einen kleineren Drehkreis, man benötigt dazu auch nur halb so viel Zeit und kann schneller auf veränderte Situationen reagieren.

An Tankstellen bilden sich oft Warteschlangen, ohne dass man die Möglichkeit hat, das Schiff zum Warten festzumachen. Auch hier

Manöver mit dem Radeffekt

sind Kringel oft die einzige Möglichkeit, Zeit zu überbrücken und gleichzeitig die Manövrierfähigkeit des Schiffs beizubehalten. Dem Versuch, mit einem Schiff auf gleicher Stelle zu verharren, sind leider enge Grenzen gesetzt. Zum einen ist ein zum Stillstand gekommenes Schiff dem Wind hilflos ausgeliefert und wird nach Lee abgetrieben, zum anderen besteht nur bei einem angeströmten Ruder auch eine Ruderwirkung.

„Auf dem Teller drehen"

Durch wechselnden Vorwärts- und Rückwärtsschub lässt sich ein Schiff durch Ausnutzen des Radeffekts um die eigene Achse drehen. Gleichzeitig lassen sich störende Windeinflüsse mit kräftigeren Schüben nach Luv ausgleichen.

Die Stellung des Ruders hat kaum Einfluss auf die Drehbewegung durch den Radeffekt, solange das Schiff keine Fahrt aufnimmt. Hält man das Ruder bei Fahrt achteraus (rückwärts) nicht richtig fest, schlägt es durch den entstehenden Wasserwiderstand sofort auf eine Seite.

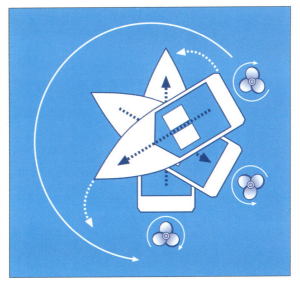

Manöver mit dem Radeffekt

Ankern und rückwärts anlegen

Häfen in Deutschland und in den meisten nordeuropäischen Ländern haben Stege und Boxen zum Anlegen. Je weiter man nach Süden kommt, ist nur das Liegen längsseits oder das Anlegen mit Buganker möglich. Anlegen mit Buganker sieht auf den ersten Blick schwierig aus, ist es aber nicht. Die konventionelle Methode beginnt erst mit der Situation auf Bild 3, hat aber Nachteile ge-

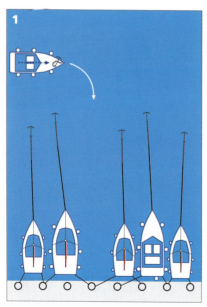

Lücke zum Anlegen und Fallenlassen des Ankers suchen und aufstoppen.

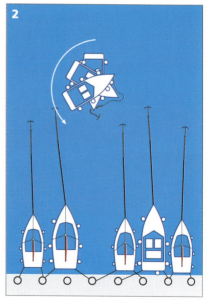

Anker fallen lassen, auf dem „Teller drehen" und im letzten Teil der 180°-Drehung Fahrt aufnehmen.

Motor
Manöver mit dem Radeffekt

genüber der hier gezeigten Variante. Auf Bild 3 wäre das Wasser durch die eigene Schiffsschraube schon so aufgewirbelt, dass quer liegende Ankerketten nicht mehr zu sehen wären. Zudem müsste sofort Fahrt achteraus aufgenommen werden, die Ruderwirkung setzt aber erst nach einigen Metern ein, für Richtungskorrekturen bliebe wenig Zeit. Muss das Manöver abgebrochen werden, muss man die eigene Ankerleine wieder hochholen, damit sie nicht in die Schiffsschraube gerät.

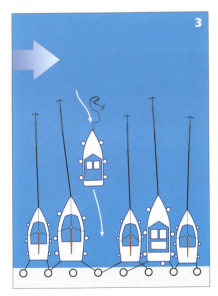

Das Schiff hat seit dem Verlassen des Drehkreises Ruderwirkung für Richtungskorrekturen.

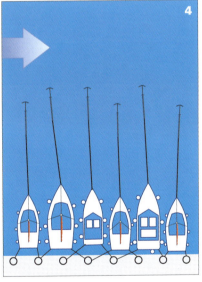

Erst die luvseitige Landverbindung herstellen, dann kann nichts mehr passieren.

Manöver in strömenden Gewässern

Anlegen, Ablegen und Ankern

In strömenden Gewässern werden alle Anlege-, Ablege- oder Ankermanöver gegen die Fließrichtung gefahren. Solange das Ruder angeströmt wird, bleibt das Schiff manövrierfähig, selbst dann, wenn es keine Fahrt über Grund macht. Das erleichtert alle Manöver ganz erheblich, da auch der oft störende Wind von der Seite kaum ins Gewicht fällt. Beim Wenden mit der Strömung driftet das Schiff in Fließrichtung, das Manöver verzögert sich, da die Ruderwirkung sich durch die Strömungsgeschwindigkeit verringert. Hat das Schiff gewendet, fährt man nun gegen die Strömung. Die Ruderwirkung verstärkt sich sofort und ermöglicht präzise Manöver. Lässt man den Anker fallen oder hat an einer Boje festgemacht, kann man das Boot achteraus treiben lassen.

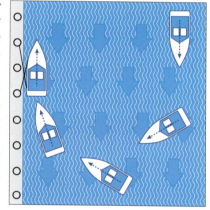

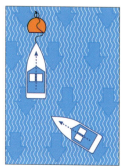  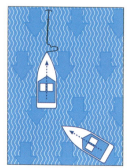 

Ablegen bei günstigen Windverhältnissen

Keine Schwierigkeiten bereitet ein Ablegen mit ablandigem Wind (der Wind weht vom Land aufs Wasser), da das Schiff von der Pier oder dem Steg weggedrückt wird.

Prüfungsfrage 437
Was versteht man unter einem rechts drehenden Propeller (Schraube)?

●
Wenn er sich, von achtern gesehen, bei der Vorausfahrt im Uhrzeigersinn dreht.

Prüfungsfrage 438
Was versteht man unter einem links drehenden Propeller (Schraube)?

●
Wenn er sich, von achtern gesehen, bei der Vorausfahrt gegen den Uhrzeigersinn dreht.

Prüfungsfrage 439
Was versteht man unter der Ruderwirkung des Propellers (Schraube)?

●●
Das seitliche Versetzen des Hecks. Seitenschub.

Prüfungsfrage 440
Weshalb ist die Kenntnis der Propellerdrehrichtung (Schraubendrehrichtung) für das Manövrieren unter Motor von Bedeutung?

● ●
Da der „Radeffekt" das Heck nach der einen oder anderen Richtung zur Seite versetzt und man diesen Umstand beim Manövrieren berücksichtigen muss.

Prüfungsfrage 441
Warum wird jedes Schiff mit einem Propeller (Schraube) und starrer Welle über Steuerbord und über Backbord verschieden große Drehkreise haben?

● ●
Weil der Propellerdrall (Schraubendrall) des Antriebs (Radeffekt) eine Drehrichtung unterstützt, der anderen entgegenwirkt.

Prüfungsfrage 442
Welche Wirkung hat ein rechts drehender Propeller (Schraube) bei Vorausfahrt?

●
Er versetzt das Heck nach Steuerbord

Prüfungsfrage 443
Welche Wirkung hat ein rechts drehender Propeller (Schraube) bei Rückwärtsfahrt?

● ●
Er versetzt das Heck nach Backbord. Die Ruderwirkung des Propellers (Schraube) ist besonders stark.

Prüfungsfrage 444
Welches ist die günstigste Anlegeseite einer Yacht mit links drehendem Propeller (Schraube)? Begründung.

● ●
Die Steuerbordseite, weil das Heck beim Abstoppen mit Rückwärtsgang (Radeffekt) an die Pier gezogen wird.

Prüfungsfrage 445
Welches ist die günstigste Anlegeseite einer Yacht mit rechts drehendem Propeller (Schraube)? Begründung.

● ●
Die Backbordseite, weil das Heck beim Abstoppen mit Rückwärtsgang (Radeffekt) an die Pier gezogen wird.

Prüfungsfrage 446
Wie legen Sie im Strom an einer Boje an?

●
Gegen den Strom anfahren, Bugleine festmachen, achteraus treiben lassen.

Ablegen bei ungünstigen Windverhältnissen

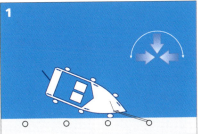

Heckleine lösen, Bug mit Fendern schützen und vorsichtig rückwärts „in die Spring" fahren – (**1**) Vorleine lösen (**2**) und Fahrt achteraus aufnehmen. Schiff mindestens parallel zur Pier ausrichten (**3**) und Fahrt voraus aufnehmen (**4**).

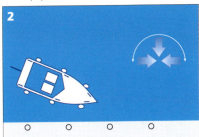
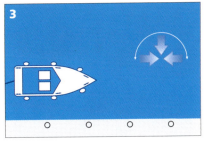

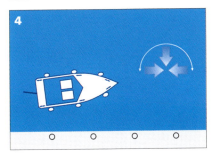

Bedingt funktioniert das auch mit der Achterleine bei Yachten mit schmalem Heck.

Geschwindigkeit, Sog und Wellenschlag

Strömung und Wassertiefe haben Einfluss auf die Höhe der erzeugten Welle eines Motorboots. Ein talfahrendes Boot verursacht höhere Wellen als ein bergfahrendes und in niedrigem Wasser entstehen höhere Wellen als in tiefem Wasser. Durch Beobachtung der eigenen Heckwelle lässt sich leicht feststellen, ob Sog und Wellenschlag entsteht. „Sichere Geschwindigkeit" heißt, an die Verkehrslage, Fahrwasser-, Wetter- und Sichtverhältnisse angepasste Geschwindigkeit. Unabhängig von eventuellen Geschwindigkeitsbegrenzungen muss ein Motorboot beim Passieren von kleinen Fahrzeugen wie Kanus, Kajaks, Paddel- und Ruderbooten jeglichen Sog und Wellenschlag vermeiden. Ausweichpflichtig diesen Kleinfahrzeugen und Seglern gegenüber ist ein Motorboot in jedem Fall.

Prüfungsfrage 411
Wie haben Sie allgemein Ihre Geschwindigkeit einzurichten?

●●●
Geschwindigkeitsbeschränkungen beachten. Darüber hinaus ist die Geschwindigkeit der Verkehrslage, den Fahrwasser-, Witterungs- und Sichtverhältnissen anzupassen.

Prüfungsfrage 412
Was heißt, Sog und Wellenschlag vermeiden?

●●●
Ich beobachte meine Heckwelle, vermindere die Fahrt so weit, dass Wellenschlag nicht mehr entsteht.

Prüfungsfrage 413
Wie verhalten Sie sich beim Passieren von Kanus, Ruder- und Paddelbooten?

●●
Rechtzeitig Fahrt vermindern. Ausweichen. Sog und Wellenschlag vermeiden.

Ausweichregeln für Motorboote

Ein Motorboot (Kleinfahrzeug mit Maschinenantrieb) ist ausweichpflichtig gegenüber:
– der gewerblichen Schifffahrt und Schiffen über 20 m Länge,
– Kleinfahrzeugen ohne Maschinenantrieb und Segelfahrzeugen.

Liegen zwei Motorboote (oder Segler unter Motor) auf Kollisionskurs, weichen beide nach Steuerbord aus. Auf sich kreuzenden Kursen weicht das Motorboot aus, das ein anderes Motorboot auf seiner Steuerbordseite sieht (rechts vor links). Das ausweichpflichtige Boot weicht nach Steuerbord aus und passiert das andere Boot hinter dessen Heck.

Prüfungsfrage 414
Wie verhalten Sie sich, wenn Ihr Motorboot mit einem Segelboot auf Kollisionskurs liegt?

●●
Immer und grundsätzlich nach Steuerbord ausweichen, am Heck umfahren, Bug nicht kreuzen.

Prüfungsfrage 415
Von Backbord kommend, will ein Segelboot mit einem schwarzen Kegel, Spitze nach unten, den Kurs Ihres Motorbootes kreuzen. Wer ist ausweichpflichtig und warum?

●●●
Der Segler läuft unter Antriebsmaschine, gilt als Motorboot und ist ausweichpflichtig, weil er mich an seiner Steuerbordseite hat.

Prüfungsfrage 416
Ihrem Motorboot kommt nachts ein Fahrzeug entgegen, das Seitenlichter am Bug, aber kein Topplicht führt.
1. Was ist es für ein Fahrzeug?
2. Wer ist ausweichpflichtig?

●●
1. Das andere Fahrzeug ist ein Kleinfahrzeug unter Segel.
2. Ich bin ausweichpflichtig.

Wasserski und Wassermotorrad

  Wasserskilaufen und das Fahren mit Wassermotorrädern, dazu zählen Wasserbobs, Wasserscooter und Jetbikes, ist nur auf besonders gekennzeichneten Strecken erlaubt.
Der Sportbootführerschein Binnen ist Voraussetzung für Wassermotorradfahrer. Für beide Sportarten gilt ganz besonders die Beachtung der „Grundregel für das Verhalten im Verkehr" (Prüfungsfrage 11) sowie die Pflicht, sich bei der Wasserschutzpolizei und den Dienststellen der Wasser- und Schifffahrtsverwaltungen Informationen zu beschaffen (Prüfungsfragen 3-6).

Prüfungsfrage 404
Darf auf allen Binnenschifffahrtsstraßen Wasserski gelaufen oder uneingeschränkt Wassermotorrad gefahren werden?

●
Nein, nur an den durch Tafeln gekennzeichneten Stellen.

Prüfungsfrage 405
Wo darf man Wasserski laufen oder uneingeschränkt Wassermotorrad fahren?

●●
Nur in den Bereichen, die durch entsprechende Tafeln hierzu freigegeben sind.

Prüfungsfrage 406
Zu welcher Tageszeit darf auf den erlaubten Gewässerabschnitten
1. Wasserski gelaufen und
2. Wassermotorrad gefahren werden?

●●●
1. Von Sonnenaufgang bis Sonnenuntergang; sofern keine weiteren Beschränkungen, z. B. durch Zusatztafeln oder Sondervorschriften, bestehen und die Sicht mehr als 1.000 m beträgt.

2. Von 7.00 Uhr bis 20.00 Uhr und nicht vor Sonnenaufgang und nicht nach Sonnenuntergang, sofern keine weiteren Beschränkungen, z. B. durch Zusatztafeln oder Sondervorschriften, bestehen und die Sicht mehr als 1.000 m beträgt.

Prüfungsfrage 407
Wodurch ist beim Wasserskilaufen sicherzustellen, dass der Schiffsführer sofort über etwaige Schwierigkeiten des Wasserskiläufers unterrichtet wird?

●●
Im Boot muss eine zweite, geeignete Person mitfahren, die den Skiläufer ständig beobachtet und den Schiffsführer unterrichtet.

Prüfungsfrage 408
Mit welchen Personen muss das Zugboot beim Wasserskilaufen mindestens besetzt sein?

●●
Mit dem Schiffsführer und einer geeigneten Person, die den Wasserskiläufer beobachtet.

Prüfungsfrage 409
Wie muss sich der Wasserskiläufer bei der Vorbeifahrt an Fahrzeugen, Schwimmkörpern oder Badenden verhalten?

●
Er muss sich im Kielwasser des ziehenden Fahrzeugs halten.

Prüfungsfrage 410
Was müssen Wasserskiläufer und der Schiffsführer des ziehenden Fahrzeugs gegenüber Verkehrsteilnehmern und Anlagen besonders beachten?

●●●
Durch Wellenschlag oder Sogwirkung dürfen
1. andere Verkehrsteilnehmer sowie Badende nicht gefährdet oder mehr als nach den Umständen unvermeidbar behindert oder belästigt werden.
2. Ufer, Regelungsbauwerke, schwimmende oder feste Anlagen oder Schifffahrtszeichen nicht beschädigt werden. Der Schiffsführer muss erforderlichenfalls die Geschwindigkeit vermindern und bei der Vorbeifahrt einen Abstand von mindestens 10 m einhalten.

Mann über Bord (Motorboot)

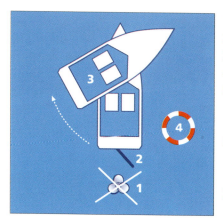

1. **Auskuppeln und**
2. **Heck abdrehen.**
3. **Mann über Bord rufen.**
4. **Rettungsring werfen.**
5. **Wenden und gegen Wind und Welle anfahren.**
6. **Motor mindestens auskuppeln, besser ausschalten.**
7. **Überbordgefallenen bergen.**

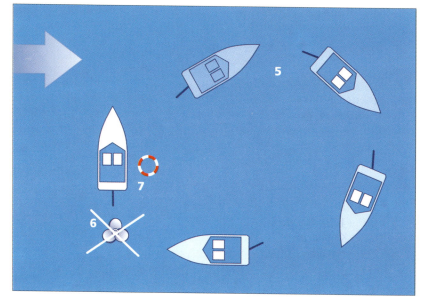

Mann über Bord (Motorboot)

Von der Schiffsschraube geht die größte Gefahr aus, deshalb sofort auskuppeln und durch Ruderlegen das Heck wegdrehen. Ein Überbordgefallener sollte sich sofort durch Rufen oder mit der Signalpfeife (hängt an jeder Rettungsweste) bemerkbar machen, seine Kleidung anbehalten (Schutz gegen Unterkühlung) und seine Kräfte schonen, indem er unnötiges Schwimmen vermeidet. Hat man ihm einen Rettungsring zugeworfen, darauf zuschwimmen und daran festhalten.

Sind genügend Leute an Bord, kümmert sich einer ausschließlich darum, den Überbordgefallenen nicht aus den Augen zu verlieren und zeigt dem Rudergänger mit ausgestrecktem Arm die Richtung zum Überbordgefallenen an. Beim Anfahren gegen den Wind meldet derjenige regelmäßig dem Rudergänger die Distanz (noch drei, zwei, noch eine Bootslänge).

Ein Motorboot nähert sich dem Überbordgefallenen in Luv. So ist die Gefahr geringer, dass er unters Boot gedrückt wird. Am sichersten ist es, den Motor ganz auszuschalten und nicht nur die Schraube auszukuppeln. Wo und wie man den Überbordgefallenen wieder ins Boot bringt, hängt vom Schiffstyp ab, normalerweise übers Heck. Gibt es hier eine Badeleiter, ist es einfacher.

Eine Rettungsweste ist zwar wichtig, doch bei richtigem Verhalten aller Beteiligten an Bord wird man sie höchstens bei einem Brand oder einer Kollision mit sinkendem Schiff brauchen. Ab einer gewissen Windstärke und Wellenhöhe verlässt niemand ungesichert das Cockpit. Das heißt: an einem Haltegurt („Lifeline") befestigt, das eine Ende an der Rettungsweste, das andere an der Sorgleine

Mann über Bord/Motorbrand

eingehakt. Die Sorgleine ist eine Leine, die vom Vorschiff bis in die Nähe des Cockpits gespannt wird. Der Vorteil einer Sorgleine: Man braucht nicht ständig neue Möglichkeiten zum Einhaken der Lifeline zu suchen und kann so bis zum Vorschiff durchgehen und hat beide Hände frei, um sich festzuhalten.

> So weit die Theorie. In der Praxis kommen erschwerende Faktoren wie schlechtes Wetter, Wellengang, Strömung oder Panik an Bord oder beim Überbordgegangenen hinzu. In einer solchen Situation helfen nur überlegte Handlungen und präzise Manöver. Sich in Gedanken mit den Möglichkeiten und Gegebenheiten zu befassen, die in einem solchen Notfall an Bord zur Verfügung stehen, erleichtert bestimmt das erfolgreiche Bergen einer Person.

Motorbrand
Ein Brand entsteht meistens durch ausgetretenen Kraftstoff. Als Erstes die Kraftstoffzufuhr durch Schließen des Kraftstoffhahns unterbinden. Getriebe auskuppeln und mit Vollgas die Restmenge in den Leitungen und im Vergaser (bei Benzinmotoren) leer fahren. Danach versuchen, mit wassergetränkten Tüchern oder Decken den Brand zu ersticken. Reicht das nicht aus, den Feuerlöscher benutzen.

Prüfungsfrage 451
Was ist zu tun, wenn jemand über Bord gefallen ist?

●●●
Auskuppeln, Heck abdrehen, „Mann über Bord" rufen, Rettungsring werfen, gegen Strom und Wind anfahren, Schraube auskuppeln, Person bei stillliegendem Boot bergen.

Motor

Praktische Prüfung

Prüfungsfrage 452
Was tun Sie als Rudergänger sofort bei dem Ruf „Mann über Bord"? Begründung.

●●
1. Schraube auskuppeln.
2. Ruder auf die Seite des Überbordgegangenen legen, um Verletzungen durch den Propeller (Schraube) zu vermeiden.

Prüfungsfrage 450
Was ist zu tun, wenn der Motor brennt?

●●●
Brennstoffzufuhr unterbrechen, Getriebe auskuppeln, Vollgas geben, um Leitungen und Vergaser leer zu fahren, Motor bzw. Vergaser abdecken, um den Brand zu ersticken, mit Feuerlöscher den Brand bekämpfen.

Praktische Prüfung

Keine Angst vor Prüfungen. Es wird nicht mehr verlangt, als Sie in Ihrer praktischen Ausbildung gelernt haben. Theorie haben Sie genug gelernt, um alle Manöver bei unterschiedlichen Wind- und Wetterverhältnissen fahren zu können, die Knoten beherrschen Sie und wie eine Rettungsweste angelegt wird, wissen Sie auch.
Im Einzelnen werden Sie geprüft in:
- Steuern nach Kompass oder nach Schifffahrtszeichen.
- An- und Ablegen bei unterschiedlichen Windbedingungen.
- Festmachen am Steg, an Pollern oder längsseits an einem anderen Boot.
- Mann-über-Bord-Manöver.
- Wenden auf engem Raum.

Register

A

Abdrift S. 65
abfallen S. 50/55
ablandiger Wind = Wind weht vom Land aufs Wasser
ablegen S. 199/200 (Segel) + 220-223 (Motor)
achteraus (Bb./Stb. achteraus) S. 49
Achterleine S. 142
achteraus gehen = rückwärts
achtern = hinten
Achterliek S. 24
Achterstag S. 21
Achtknoten S. 35
Amwindkurs S. 53/55
Anker S. 143
Ankerlieger S. 134
ankern S. 143/144
anlegen S. 199/200 + 214 + 220
anluven S. 50/55
Anstellwinkel (Segel) S. 66/67
Antriebsarten (Motor) S. 204-206
auflandig = Wind weht vom Wasser aufs Land
aufschießen S. 191/192
Aufschießer S. 191
Auftrieb S. 63/64
Auge S. 33
auslaufen (Hafen) S. 137
Außenbordmotor S. 206
Ausweichregeln S. 147-151 (allgemein) + 225 (Motorboote)

B

Babystag S. 21
back = (Segel steht back) auf der falschen Seite, (Segel back halten) der Wind weht von der falschen Seite, um dem Boot eine gewünschte Richtung zu geben, z. B. Achterausfahrt
Backbord S. 49
Backbord-Bug S. 50
Backstag S. 21
Bändsel S. 29
Ball (Ankerball) S. 134
Ballast = Gewicht, um die Querstabilität zu erhöhen S. 18/19
Barograf S. 161
Barometer S. 161
Batterie (Wartung) S. 171
Baum S. 23
Baumniederholer S. 23
Beinaheaufschießer (oder Nahezuaufschießer) S. 192
belegen (Klampe belegen) S. 36/37
bergen = (Segel) Segel herunternehmen, (Person) retten
Besan = Segel und Mast bei einer Yawl oder einer Ketsch S. 12/13
Beschläge = Sammelbegriff für alle mit dem Bootsrumpf und der Takelage fest verbundenen Teile aus Metall (heute teilweise auch aus Kunststoff) wie Leitösen, Klampen usw.

Bilge = Raum zwischen Bodenbrettern und Kiel, tiefster Punkt im Bootsinneren einer Yacht
Bindereff S. 25/26
Blister = Vorsegel, kleiner als ein Spinnaker. Leichtwindsegel für achterliche Winde
Block = Teil einer Talje S. 23
Bö S. 58/161
Böenkragen S. 161
Boje = verankerter Schwimmkörper, meist in Kugelform S. 77/92
Bootsmotoren S. 204-209
Bootstrimm S. 68-70
Brücken S. 83/84
Bug = vorderes Ende des Schiffs

C
Cunningham-Kausch S. 75

D
Dieselmotor S. 204
Dirk S. 22
Drahttauwerk S. 29
Dreh- oder Hubbrücke S. 84
Drehkreis S. 215
Dreifarbenlicht S. 110
dwars = querab im 90°-Winkel zur Fahrtrichtung (Mittelschiffsachse)

E
Echolot = Instrument zum Messen der Wassertiefe (elektro-akustisches Gerät mit Sender und Empfänger)

F
Fahrtwind S. 52

Fahrwasser = markierte Fahrrinne mit tiefem Wasser
Fall (das Fall/die Fallen) = Leinen oder zum Hochziehen der Segel, bezeichnet nach ihrer Funktion (Fockfall, Großfall) S. 22
Fallwind S. 163
Fender = Polster aus elastischem Material zum Schutz der Außenhaut des Schiffs gegen Beschädigungen durch den Steg, Nachbarboote usw.
Feuerlöscher S. 170/230
fieren (auch auffieren) = (Segel) „öffnen", Anstellwinkel zum Wind vergrößern, (Schoten) „nachgeben", mehr Leine geben – Gegenteil von holen
Flüssiggas S. 170
Fock = Vorsegel
Fockfall S. 22
Formstabilität S. 18
Frontgewitter S. 161
Funkellicht S. 123

G
Gaffelkutter S. 12
Gaffelsegel = viereckiges Segel eines Gaffelkutters (Gaffeltakelung)
geflochtenes Tauwerk S. 29
Gesamtkraft S. 64
geschlagenes Tauwerk S. 29
Getriebe (Motor) S. 209
Gewichtsstabilität S. 19
Gewitter S. 161
GFK = glasfaserverstärkter Kunststoff, modernes Bootsbaumaterial für Jollen und Yachten
Gleiter S. 15/16

Großfall S. 22
Großschot S. 23
Grundberührung (im gekennzeichneten Fahrwasser) S. 141
Gut S. 21/22

H

Halbwindkurs S. 53/55
Hals S. 24
Halse S. 193/194
Handlot = Bleigewicht an einer Leine mit Markierungen zur Bestimmung der Wassertiefe
Heck = hinteres Ende eines Schiffs
Hecklicht S. 106
heißen = (Segel) hochziehen
Hilfeleistung S. 176
Hochwasser S. 176
holen = ziehen, verkürzen einer Leine, dicht holen (einer Leine), aufholen (von Schwert, Ruder oder Anker) – das Gegenteil von fieren
Hub- oder Drehbrücke S. 84

I

Innenbordmotor S. 205

J

Jetantrieb S. 206
Jolle S. 16 + 185/186

K

Katboot S. 13
Kausch = Verstärkung aus Metall oder Kunststoff eines Auges S. 33
Kegel S. 129
Kennzeichen S. 177

Kennzeichnungspflicht S. 176
kentern S. 202
Ketsch S. 13
Kiel (Yacht) = erhöht die Stabilität und ermöglicht eine Vorwärtsbewegung des Schiffs auf Amwind- bis Raumschotkursen S. 16
Kielyacht S. 16
Kielschwertyacht S. 16
killen (das Segel killt) S. 27
Kimmkieler S. 16
Klampe (belegen) S. 36/37
Klüver = erstes Vorsegel (vor der Fock) einer Kuttertakelung
Knickspant S. 15
Knoten (kn) = Geschwindigkeitsmaß, 1 kn = 1 Seemeile (1.852 m)/Stunde
Kopf S. 24
Kopfschlag S. 37
Krängung = hauptsächlich durch Winddruck und Seegang verursachte seitliche Neigung des Schiffs um die Längsachse S. 65
kreuzen = auch aufkreuzen, im „Zickzackkurs" gegen den Wind segeln (Amwindkurs auf Bb.-Bug, wenden, Amwindkurs auf Stb.-Bug, wenden usw.)
Kreuzknoten S. 38
Kringel (drehen) S. 216
Kutter S. 12

L

Landwind S. 163
Lateraldruckpunkt S. 68
Lateralplan S. 14
laufendes Gut S. 22

Lee S. 50
leegierig S. 70
Leine S. 29
lenzen = ausschöpfen
Lenzklappe S. 185
Liek = Kante des Segels S. 24
Lifeline S. 229
lokale Winde S. 163
Lot = Instrument zum Messen der Wassertiefe
Luftfilter (Motor) S. 209
LüA = Länge über Alles S. 14
Luv S. 50
luvgierig S. 69
LWL = Länge der Wasserlinie S. 14

M

Mann über Bord S. 196/197 (Segel) + 228-230 (Motor)
Manövrierunfähigkeit S. 105
Mast = Hauptteil der Takelage S. 21, auf Sportbooten meist aus Leichtmetall
Mastliek S. 24

N

Nebelsignale S. 100
Nock (Baumnock) = Ende des Baums S. 22
Notsignale S. 103

O

Oberwant S. 21
Ölfilter (Motor) S. 209
Ösfass = Schöpfgerät mit Handgriff zum Ausschöpfen von Wasser im Boot
Ottomotor S. 204

P

Palstek S. 39
Patenthalse S. 201
Patentreff S. 26
Peilstange = Stange (kann auch der Bootshaken sein) mit Markierungen zum Bestimmen der Wassertiefe
Pinne (Ruderpinne) = waagerechter Hebelarm zum Steuern (Ruder legen)

Q

querab S. 49
queren (Fahrwasser) S. 137
Querkraft S. 64
Q-Wende S. 190

R

Radarreflektor S. 171
Radeffekt S. 212-219
raumen (der Wind raumt) S. 57
Raumschotkurs S. 55
Ree! = Kommando beim Wendemanöver S. 189
recht achteraus S. 49
reffen S. 25-27
Reff S. 25-27
Reffhaken S. 26
Reffkausch S. 26
Rigg S. 21-23
Riggbruch S. 201
Rollreff S. 26
Roringstek S. 46
rund achtern! = Kommando beim Halsemanöver S. 193/194
Rundspant S. 15
Rundtörn S. 42/43

S

Saling S. 21
Schallsignale S. 99/100
scheinbarer Wind S. 52
schiften S. 195
Schlag = Beim Kreuzen (segeln gegen den Wind) zurückgelegte Strecke zwischen zwei Wendemanövern
schleppen (längsseits) S. 131
Schleusen S. 85
Schoner S. 11
Schot (die Schoten) = Leinen zum Bedienen der Segel
Schothorn S. 24
Schotstek S. 40/41
schralen (der Wind schralt) S. 56
Schwell = Ausläufer von Bug- und Heckwellen vorbeifahrender Schiffe, die in offene Häfen hineinlaufen oder das Ufer erreichen
Schwert (Jolle) = ermöglicht eine Vorwärtsbewegung auf Amwind- bis Raumschotkursen durch den seitlichen Widerstand im Wasser S. 16 + 185
schwojen = das Hin- und Herdrehen eines Schiffs vor Anker (oder an einer Boje festgemacht) durch den Einfluss von Wind oder Strom
Schwojkreis S. 144
Seewind S. 163
Segeldruckpunkt S. 68
Segellatten S. 25
Segeltaschen S. 25
Segeltrimm S. 74/75
Seitenlichter S. 106
Sicherheitsausrüstung S. 169
sichere Geschwindigkeit S. 224

Slip („auf Slip") S. 37
Slipstek S. 45
Slup S. 13
Sluptakelung = Takelung eines Einmasters mit Haupt- und einem Vorsegel S. 12
Sog S. 140 + 224
Sorgleine S. 30 + 229
Spiegel = Abschlussplatte des Hecks, ein Außenbordmotor wird am Spiegel befestigt
Spinnaker = Leichtwindsegel für achterliche Winde (größer als Blister)
Spleiß S. 33
Spring S. 142
S-Spant S. 15
Stabilität S. 18/19
Stag (die Stagen) S. 21
stehendes Gut S. 21
Steuerbord S. 49
Steuerbord-Bug S. 50
Stilllieger S. 134
Stopperstek S. 34

T

Tanken S. 208/209
Tauwerk S. 29
Takelage (moderne Bezeichnung: Rigg) S. 21-23
Takelung = Art und Weise (Anzahl der Masten und Segel), wie ein Schiff den Wind als Antrieb nutzt
Takling S. 33
Talje S. 23
thermische Winde S. 163
Tonne (Spitz-, Spieren- oder Bakentonne) = verankertes Seezeichen zur

Kennzeichnung eines Fahrwassers oder einer Gefahrenstelle S. 77-80
Topp (Masttopp) = Ende (Spitze) des Masts
Topplicht S. 106
Toppzeichen S. 78/79
Trapez = Vorrichtung auf Jollen, bestehend aus Trapezdraht und Trapezgürtel, zur Gewichtsverlagerung des Vorschoters, auch Ausreiten genannt S. 18
Traveller S. 75
trimmen (der Trimm) = man unterscheidet zwischen Segel- und Bootstrimm. Beides sind Maßnahmen, die das Boot schneller machen und das Seegangsverhalten verbessern
Trosse S. 29

U
Überholen S. 146
Unterliek S. 24
Unterwant S. 21

V
Verdränger S. 15/16
Verklicker S. 59
Viertaktmotor S. 204/205
voraus (Bb./Stb. voraus) S. 49
Vorleine S. 142
Vorliek S. 24
Vorrangfahrzeug S. 129
Vorschiff = der vordere Teil des Schiffs von der Mitte bis zum Bug
Vorschot = Schot eines Vorsegels
Vorschoter = Mitglied der Segelcrew, der die Vorschot bedient

Vorsegel = alle Segel, die vor dem Hauptmast angeschlagen werden
Vorstag S. 21
Vortrieb S. 64
Vorwindkurs S. 54/55

W
Wärmegewitter S. 161
wahrer Wind S. 52
Want S. 21
Wantenspanner S. 201
Wartung (Motor) S. 209
Wasserfilter (Motor) S. 209
Wassermotorrad S. 226
Wasserski S. 226
Webeleinstek S. 44
Wellenantrieb S. 205
Wellenschlag S. 140 + 224
Wende S. 189
Wetterbericht S. 162
Windstärke S. 159
Winsch = mit einer Kurbel zu bedienende Winde für Schoten (Schotwinsch), Anker (Ankerwinsch oder Fallen (Fallwinsch), auf Yachten üblich, auf Jollen selten zu finden. Foto S. 5

Y
Yacht S. 16
Yawl S. 12

Z
Z-Antrieb S. 205
Zweifarbenlicht S. 110
Zweitaktmotor S. 204/205

Bildnachweis

Titelgestaltung: Birgit Engelen, Stolberg
Titelfoto: Asa Fotoagentur, Germering
Fotos: Edgar Schoepal
Grafiken: André Pfister
Lithos: Prolitho, Düsseldorf

Aller Anfang ist leicht …

André Pfister
Spielend Segeln lernen
Optimistenkurs für Kids

Immer mehr Kinder begeistern sich fürs Segeln mit einem Optimisten. Im Opti – wie das kleine Boot liebevoll genannt wird – kann man dies allein, aber auch begeistert zu zweit tun. „Spielend Segeln lernen" ist ein Arbeitsbuch, das auf einfache, kindgerechte Art und Weise deutlich macht, wie man in kurzer Zeit zu einem begeisterten und guten Segler werden kann. Es enthält praxisorientierte Erläuterungen der grundlegenden Kenntnisse, die durch zahlreiche Bilder und Zeichnungen veranschaulicht werden.

152 Seiten
zweifarbig, 170 Fotos, zahlr. Abb.
Paperback mit Fadenheftung
14,8 x 21 cm

ISBN 3-89124-916-0
€ 16,90 / SFr 29,–